18歳から
はじめる
民法

［第5版］

潮見佳男・中田邦博・
松岡久和 編

Yoshio Shiomi, Kunihiro Nakata &
Hisakazu Matsuoka

法律文化社

第5版はしがき

　本書の第4版を2019年9月に刊行してからすでに3年が経過した。この間も、民法に関係する重要な立法や法改正が行われた。

　民法の成年年齢を20歳から18歳に引き下げる改正法が2022年4月1日に施行された。成年年齢の引下げにより、これまで未成年者取消権によって保護されていた19歳、18歳の年齢層に対する保護をどうするのかという課題はなお残されている。消費者契約法の改正が行われ、一定の手当がされたが、それでも十分ではない。

　所有者不明土地問題に対応するための民法（相隣関係、共有、相続など）・不動産登記法の改正が行われ、嫡出推定制度を対象とする親子法制の改正も成立した。本書が対象とした読者層への法学教育の重要性がさらに高まることになろう。

　こうした立法の動向を踏まえて、必要なかぎりで、それに対応し、また判例や資料等を最新のものとするために、第5版を刊行することにした。本書がこれまで通り、読者に受け入れられることを期待している。今回の改訂にあたっても法律文化社の野田三納子さんに大変お世話になった。この場を借りて心からお礼を申し上げる。

　最後に、本書の編者の一人である潮見佳男教授が本年8月にご逝去されたことをお伝えしなければならない。同年7月にズームで開催された編集会議で今後の方針について話し合ったが、それが最後の機会となるとは思いもしなかった。まさかの訃報に驚き言葉を失った。故人のご冥福を心よりお祈りする。

　　2022年12月20日

中田邦博
松岡久和

初版はしがき

　本書『18歳からはじめる民法』は、法律文化社の「18歳から」シリーズのうちの一冊として企画された。本書は、法学部生の民法入門用教科書として、また法学部生以外の教養民法用教科書として利用可能な教材を提供するため、いくつかの新たな試みを行っている。

　本書の第1の意図は、大人（20歳）として扱われる直前にある人（法的には、未成年者とよばれる）に、自らの生活空間においてどのような法的な問題があるのかに気づいてもらうことにある。その解決の社会的ルールは、いうまでもなく法的なものだけではなく、複雑である。社会人としての第一歩は社会のルールを知ることから始まるといわれるゆえんである。法は、そうしたルールの中でもきわめて重要な位置を占めている。この意味で、法的問題に焦点をあわせた本書の企画は必要性の高いものであるといえよう。

　こうした企画の趣旨を受けて、編者を中心とする編集会議において本書に盛り込まれるべき内容とその説明方法について議論を行った。その結果、読者が18歳という人生のステージに立っていると想定して、その目線から「18歳」の日常生活に民法がかかわっていることを意識させ、その学習への意欲を高めることに重点を置いた入門書を編集することになった。具体的には、18歳の大学生Aさん自身が日常生活において経験する可能性の高い典型的なトラブルや、あるいはAさんの見聞する（その家族、友人たちをめぐる）身近な法的問題を取り上げて、その法的問題の所在と内容をやさしく解説することで、民法の重要な骨格を提示することにした。本書の利用の仕方については、さらに、後掲の「本書の構成と読み方」を参照されたい。

　本書の題名に、「18歳」とあるのは、読者が未成年者であることを前提にしているだけでなく、「18歳」が社会的には「大人」として扱われる可能性をもつ存在であることも意味している。冒頭で、大学の教科書としての利用を想定していると書いたが、本書は高校を卒業して社会人となっている18歳にもぜひ読んでもらいたい。未成年者であっても社会人であれば、「大人」＝社会人として法的問題を処理しなければならないことがあるだろう。そのときには、本書を手にとってほしい。こうした年齢層の読者に「大人」になる階段をのぼる準備の一つとして本書が利用されることを望んでいる。ひととおり民法を学んだ法学部の学生にとっても、本書は具体的な民法の姿を再発見するきっかけを与える書物として役立つのではないかと考えている。

　最後に、編集の過程において編者サイドから、新しい読み物として世に出したいという思いで数々の要望を行ったが、執筆者の皆さんはこれに快く応えて下さった。ご協力に心から感謝する。本書の編集については、企画段階から、法律文化社編集部の小西英央さんと野田三納子さんに大変お世話になった。ここに、改めてお礼を申し上げる。

潮見佳男
編者　　中田邦博
松岡久和

目 次

本書の構成と読み方

　すでに「初版はしがき」で示したように、本書は、具体的な設例を冒頭に掲げて解説を加えるというスタイルをとっている。その際、体系的な叙述や抽象的な説明は最小限にとどめ、用語の解説や図などを別枠において、読者が筋を見失わないように工夫した。読者に興味をもってもらうために、設例の選択にあたっては民法固有の事例だけでなく消費者トラブルの事例も加えて、消費者法からの視点も取り入れている。それは、民法の基本的な考え方や制度が、特別法によって規律される紛争の解決に密接にかかわり、またそうした解決の道筋を考えるに際して役立つものであることを示して、民法の意味を再確認してもらうためである。また、消費者法にかかわる事例が現代の民法の姿を捉えるためには不可欠であると考えたことも、その理由の1つである。

　以下では、本書を読み進めてもらう際のアドバイスとして、本書での各講の構成とその工夫について説明しておきたい。各講の内容は、次のような方針に従って組み立てられている。各講の冒頭には、テーマの内容を端的に示すワンフレーズの見出しが付けられている。その後に、数行の簡単な導入設例が用意されている。読者は、こうした項目や設例をざっとみて、自分の関心に応じて、順番にとらわれずに、そこから読み進めてみてほしい。本文では、導入設例と関係する制度や法律関係が一通り説明されることになるが、展開例を提示したうえで、その説明のバリエーションを増やしている。別枠での新聞記事やコラムは社会的な問題としての背景を示すことで読者に現実感を与えてくれるだろう。図や表で基本的な理解を助ける工夫もしている。さらに、他の講において説明されている事項や用語についての関係もその都度、理解してもらえるようにレファレンスをつけている。読者には、本書で試みられた工夫や多面的な説明によって、「民法の世界」を身近に感じてもらえれば、編者としてうれしい限りである。

　本書では、読者が、友人などから法的トラブルについての相談を受けたときにおおまかな解決の方向性を示すことができるように、そのための基本情報も提供している。「民法」そのものではないが、消費生活にとって重要となる特別法（消費者契約法、特定商取引に関する法律など）についても比較的詳細に説明したり、消費者センターなど紛争の解決に向けて協力や相談をしてくれる機関の存在や役割に言及したりするのは、そうした考慮に基づいている。

　最後の第16講では、民法体系や、各講の民法体系上の位置づけについて説明している。一般的な教科書であればその冒頭で扱われる事項であるが、これも最初に抽象的な説明をして読者の興味を失わせることを避けるための工夫の1つである。とりあえず民法とは何か、またその全体像を意識しておきたいと考える読者には、最初に第16講に目を通すか、あるいは各講を読み進める際に第16講を参照することを推奨しておきたい。

編　者

18歳からはじめる

民 法 ［第5版］

1 バイクで人身事故を起こしたら

1 刑事責任

拘禁刑○○年とか、罰金○○万円とか、執行猶予などという言葉を耳にすることがあろう。これは、刑事責任の問題である。自動車・バイク事故については、反則金（道路交通法125条以下）を納めることによって刑罰を回避できる場合もあるが、代表的な刑罰としては、「自動車の運転により人を死傷させる行為等の処罰に関する法律」の定める刑罰、刑法の定める保護責任者遺棄・遺棄致死傷罪などがある。

2 行政処分

「違反点数が○○点であった」とか、「免許停止になった」という言葉を耳にすることがあろう。これは、行政処分の問題である。

3 要件と効果

民法をはじめてとして多くの法律の条文は、〜という条件（要件）が満たされたときに、〜という効果を生じるという構造をもっている。民法709条もそうした規定の仕方である。本文の①〜④が要件（法律要件ともいう）であり、それらがすべて満たされて、その効果（法律効果ともいう）としての損害賠償責任が発生することになる。

4 過失

過失とは、結果の発生を避けるために必要な注意をしなかったことをいう。結果の発生を予見できたことが前提となる。過失があったかどうかは、加害者その人を基準としてではなく、加害者と同等のグループに属する合理人を基準として判定される。

5 因果関係

ある事実がそれに先行する他の事実に起因するという関係をいう。因果関係は、あれなければこれなしという定式で認定される。因果関係は「法的な」因果関係として使われることがあるので、注意が必要である。

6 立証責任

争いがある事実について、裁判官に当該の事実があるかどうかを

設例 18歳になったＡさんは、バイクの免許を取り、父親であるＰさんから、バイクを買ってもらった。ある日の夕方、Ａさんは、このバイクを運転して車道を走っていたところ、歩道からＢさん（50歳。大工）が飛び出してきて、Ａさんは急ブレーキをかけたものの、Ｂさんをひいてしまった。Ａさんは、制限速度時速30キロのところ、60キロで走行していた。Ｂさんは、腰と右脚の骨を折る大怪我をして、5か月間入院し、退院後も後遺症が残っている。Ｂさんは、Ａさんに対して、入院費、休業損害、慰謝料を請求したい。

1 運転者には、どのような責任が発生するか?

自動車やバイク、自転車を運転していて他人の人身や財産に被害を発生させたとき、加害者は、被害者に対して、**民事責任**として損害賠償責任を問われることがある。また、加害者の行為が刑法その他の刑罰法規で定められている犯罪の要件を満たした場合には、**刑事責任**を問われる。さらに、加害者が公安委員会から運転免許について**行政処分**を受けることもある。

このように、1つの社会的事件も、法の世界では、①被害者から加害者への責任追及（民法）、②犯罪をおかした者に対する国家による刑罰（刑法）、③社会秩序を維持するための国家・地方公共団体による措置（行政法）といった様々な視点から捉えられ、判断されることになる。

2 運転者の損害賠償責任とは、どのようなものか?

(1) 民法709条 民事責任として、一般に、加害行為（法律用語では「**不法行為**」という）をした人は被害者に対して**損害賠償責任**を負わなければならない。この責任を負わせてよいかどうかを判断する際に、よりどころとなる規定は、民法709条である。そこでは、故意または過失によって、他人の権利または法律上保護される利益を侵害した者は、被害者に対し、これによって生じた損害を賠償しなければならないと定められている。ここでは、損害賠償責任が発生するために必要な要件として、①加害者に「故意」（結果発生の意欲・容認）または「過失」（注意義務違反）のいずれかがあったこと、②被害者の「権利」または、権利といえないまでも法的保護に値する「利益」が侵害されたこと、③被害者に「損害」が発生したこと、④加害行為と損害との間に「因果関係」があることが満たされなければならない。

民法709条は、およそすべての加害行為についての損害賠償に関する基本ルールを定めたものである。そして、上に述べた①・②・③・④については、裁判になったときには、いずれも、加害者に対して損害賠償を請求する被害者が立証しなければならない。

（2）　自動車損害賠償保障法（自賠法）　　他方、被害者に損害が発生した場合の損害賠償責任について、特定のタイプの事故・事件に適用される特別の規定が定められていることがある。その場合には、この特別の規定が民法709条に優先して適用され、事件が処理される。

　バイクの事故の場合を考えてみよう。バイクを運転して事故を起こしたＡの損害賠償責任を定めたものとしては、**自賠法**[7]３条がある。この規定は、自動車やバイクの事故にあった被害者にできるだけ救済を与えるために設けられている。そこでは、「自己のために自動車を運行の用に供する者は、その運行によつて他人の生命又は身体を害したときは、これによつて生じた損害を賠償する責に任ずる」という定めが置かれている。「運行供用者」の責任といわれる。ここにいう「自動車」にはバイクも含まれる（自賠法２条１項）。民法709条と自賠法３条との大きな違いは、①損害賠償請求をする被害者は、民法709条とは異なり、加害者の故意・過失を立証する必要がないこと、②むしろ、損害賠償請求をされた者（**運行供用者**）の側で、(i)自分や運転者に過失がなかったこと、(ii)被害者や第三者に過失があったこと、(iii)自動車・バイクに構造上の欠陥や機能の障害がなかったことの３つの要件すべてを立証することができたときに、はじめて責任を負わなくてよくなること（「免責３要件」といわれる）にある。損害賠償を請求された者にとって、この免責３要件すべてを立証することは実際にはほとんど不可能に近いから、自賠法３条による責任は無過失責任に限りなく近いものとなっている。[8]

　自賠法３条による責任は被害者にとって非常に有利なようにみえるが、この責任によりカバーされるのは人身損害（生命・身体に対する損害）についてだけであり、財産に対する損害（物損）がカバーされない点は気をつけておかなければならない（物損については、民法の不法行為の規定で処理される）。

3　損害の額は、どのようにして決まるのか？

　不法行為を理由として賠償されるべき**損害**には、①被害者が支出した金額

判断してもらうために行う行為をいう。当事者は裁判で、そのために証拠を提出したり、証言したりする。　立証責任とは、「ある事実をＸが立証すべきである」というのは、その事実の真偽が不明のときに、裁判所によりその事実がなかったものと認識され、Ｘが不利益を受けるという意味である。

[7]　自動車損害賠償保障法は、「自賠法」と略されることが多い。

[8]　**過失責任と無過失責任**
　不法行為責任が問われる場面では、「加害者に故意・過失がなければ損害賠償責任が発生しない」というのが原則である。故意・過失がなくても損害賠償責任を問われたのでは、たとえ合理的に行動したとしても損害が発生すれば賠償責任を問われることになり、その結果として、行為をする人の行動の自由を過剰に制約することになるからである。したがって、不法行為を理由とする損害賠償で無過失責任が認められるためには、その根拠となる特別の規定が法律で特に定められているのでなければならない。

資料❶

　自賠責保険では、事故が生じた場合に支払われる保険金について、被害の程度・被った損害の内容に即していくつかの区分がされている。以下に、その一例として、①被害者が傷害を受けた場合の補償内容（なお、補償限度額は、120万円である）と、②後遺障害についての補償内容を掲げる（出典はいずれも、国土交通省のウェブサイトである。https://www.mlit.go.jp/jidosha/anzen/04relief/jibai/payment.html）。

（1）　傷害による損害の場合

● 補償内容

支払の対象となる損害			支払基準
治療関係費	治療費	診察料や手術料、または投薬料や処置料、入院料等の費用など。	治療に要した、必要かつ妥当な実費が支払われます。
	看護料	原則として12歳以下の子供に近親者等の付き添いや、医師が看護の必要性を認めた場合の、入院中の看護料や自宅看護料・通院看護料。	入院１日4,200円、自宅看護か通院１日2,100円。これ以上の収入減の立証で近親者19,000円、それ以外は地域の家政婦料金を限度に実額が支払われます。
	諸雑費	入院中に要した雑費。	原則として１日1,100円が支払われます。
	通院交通費	通院に要した交通費。	通院に要した、必要かつ妥当な実費が支払われます。
	義肢等の費用	義肢や義眼、眼鏡、補聴器、松葉杖などの費用。	必要かつ妥当な実費が支払われ、眼鏡の費用は50,000円が限度です。
	診断書等の費用	診断書や診療報酬明細書などの発行手数料。	発行に要した、必要かつ妥当な実費が支払われます。
文書料		交通事故証明書や印鑑証明書、住民票などの発行手数料。	発行に要した、必要かつ妥当な実費が支払われます。
休業損害		事故の傷害で発生した収入の減少（有給休暇の使用、家事従事者を含む）。	原則として１日6,100円。これ以上の収入減の立証で19,000円を限度として、その実額が支払われます。
慰謝料		交通事故による精神的・肉体的な苦痛に対する補償。	１日4,300円が支払われ、対象日数は被害者の傷害の状態、実治療日数などを勘案して治療期間内で決められます。

● 限度額　（被害者１名につき）120万円

（例えば、手術代、投薬費、入通院費、通院にかかった交通費、介護費用。これらを「**積極的損害**」という）、②不法行為がなければ被害者が得たはずであったのに、不法行為があったために得ることができなくなった利益に相当する金額（例えば、後遺症のせいで、将来得るであろう収入が減ってしまった場合。「**逸失利益**」ともいう）ならびに③被害者の精神的苦痛に対する**慰謝料**が含まれる。このうち、①と②は**財産的損害**といわれ、③は**精神的損害**といわれる。いずれも、「その被害者が具体的にどのような損害を受けたか」を基準として賠償額が決定される。

　裁判になった場合、①と②の財産的損害については被害者が立証しなければならないが、例えば、通院にかかった交通費や介護費用を具体的に証明する証拠がないとか、自分が将来得るであろう収入について証明する証拠がないといった場合に、損害がゼロになるのかという問題がある。今回のケースでは、Bが親族や友人に入院中の身辺の世話をしてもらった場合や、大工としてのBの収入が、仕事の関係で不定期であり、または報酬額も一定でないという場合が、これに当たる。このような場合について、判例は、統計値を用いたり、かつ、控え目な算定によるのであれば、平均値を用いた算定を許している。現に、交通費や介護費用については裁判実務で金額がある程度定額化されており、将来得るであろう収入についても、厚生労働省が出している賃金センサスという統計に準拠して、その被害者に適した男子・女子労働者別・職種別などによる平均賃金を見つけ出し、これをもとに被害者が67歳までに得たであろう収入を算出して、賠償額を決定している（67歳以上の被害者の逸失利益については、別の算定ルールがある）。

　また、③の精神的損害（慰謝料）については、裁判になった場合、裁判官が事件の全体を総合的に考慮して、どの程度の額が適切かを裁量によって決定している。事件によっては、財産的損害額の低さを慰謝料で補充している場合もある。とはいえ、慰謝料の額も、交通事故の場合には、多くの事件が蓄積する中で、現実にはかなりの程度において、被害者が被った人身被害の状況ごとに定額化している。

4　加害者である運転者は、何か反論できないか？

> ■展開例 1　次の事情があった場合はどうか。
> (1)　当時の事故現場での目撃情報によれば、Bさんは、向かい側のコンビニに行こうとして近くに横断歩道があったにもかかわらず、左右を確認せずに急に、最短距離となる場所を横切っていた場合。
> (2)　Bさんの入院が長引いたのは、Bさんが 3 か月前に大病を患い、長期入院していたために体力が落ちていたことと、加齢により骨がもろくなっていたことも、その一因となっていた場合。

　Bから損害賠償請求をされたAは、何か反論をすることができないだろうか。

　(1)　過失相殺　展開例 1 (1)のように、Bが左右を確認せずに急に横切っていた場合のように、事故の発生や損害の発生・拡大について被害者であるBにも過失があったときには、Aはこのことを理由に賠償額の減額を求めることができる。**過失相殺**といわれる（民722条 2 項）。

　また、Bの症状が悪化したことにBの病気（疾病）や心理的な弱さが関係

していた場合には、Aは、このことを理由に賠償額の減額を求めることができる。展開例1(2)のように、Bが骨粗鬆症にかかっていて、骨がもろかったために入院期間・休業期間が他の人よりも長引いた場合や、Bの身体に対する被害はそれほどひどいものではなかったにもかかわらず、Bが異常なまでの心配性であり、将来のことを過剰に不安視したあげくに、ノイローゼになってしまったような場合が、これに当たる。これは、**素因**(被害者が有している素質)を理由とする減額の問題である。こうした病的素因・心因的素因を理由とする減額は、法律に直接の規定はないが、最高裁の判例により、公平の見地から722条2項の類推適用によって認められている。ただし、同じ素因であるとはいえ、手や首が人よりも長いといった単なる身体的特徴を理由とする減額は、その身体的特徴があるためにその人が日常生活を送る際に特別に注意深く行動しなければならないといえるほどのものでなければ、原則として認められない。

(2) **消滅時効**　事故から損害賠償請求までに時間が立ちすぎた場合には、時の経過によって損害賠償請求権が消滅することがある。これについては、民法724条が、損害および加害者を知った時から3年、または不法行為の時から20年と定めている[9]。そのうえで、生命・身体への侵害(人損)を理由とする損害賠償請求権については、3年の期間は5年に伸ばされている(民724条の2)。

⟶9 **時　効**
　民法の時効には、取得時効と消滅時効がある。民法典では、第1編「総則」の144条以下に基本的なしくみが定められている。

5　被害者は、17歳の加害者の親にも損害賠償請求できないか？

> ■展開例2　17歳のAさんは、中学生のころから、暴走行為に同乗者として加わり、16歳になったときにはバイクの免許を取り、アルバイトで稼いだ資金でバイクを買った。Aさんは、現在もなお、暴走族仲間とともに、あるいは、単独で、暴走行為を繰り返している。ある日の深夜、Aさんが制限速度を大幅に超過する時速80キロで国道上を単独走行していたところ、前方を横断していたBさんをはねて、大けがを負わせてしまった。Aさんは、中学卒業後、定職に就いておらず、父親のPさんと同居し、世話をしてもらっている。

(2) 後遺障害の場合

● 限度額

> ①神経系統の機能や精神・胸腹部臓器への著しい障害で、介護を要する障害
> (被害者1名につき)　常時介護を要する場合(第1級) **4,000万円**
> 　　　　　　　　　　随時介護を要する場合(第2級) **3,000万円**

> ②上記1以外の後遺障害
> (被害者1名につき)　(第1級) **3,000万円** 〜 (第14級) **75万円**

● 補償内容

支払の対象となる損害		支払基準
逸失利益	身体に残した障害による労働能力の減少で、将来発生するであろう収入減。	収入および障害の各等級(第1〜14級)に応じた労働能力喪失率で、喪失期間などによって算出します。
慰謝料等	交通事故による精神的・肉体的な苦痛に対する補償。	上記1.の場合、(第1級)1,650万円、(第2級)1,203万円が支払われ、初期費用として(第1級)500万円、(第2級)205万円が加算されます。上記2.の場合、(第1級)1,150万円〜(第14級)32万円が支払われ、いずれも第1〜3級で被扶養者がいれば増額されます。

→10 責任能力

自分がする行為が違法なものかどうかを認識することのできる能力のことである。小学校を卒業する12歳程度の知能が一応の基準になるとされているが、刑法41条が定める刑事責任能力と違い、年齢で画一的に判断されるものではない。

加害者が加害行為をした時に**責任能力**[10]を有していなかった場合（例えば、幼児）は、どうなるか。被害者は、法律で加害者に対する監督義務を負っている者（親権者、後見人など）に対して損害賠償請求をすることができる（民714条1項本文。「監督者責任」といわれる）。

これに対して、Aのように行為時に責任能力がある場合には、Bは、民法714条1項本文を理由に親権者である父親Pに損害賠償請求をすることはできない。しかし、Bは、PにはAの行動に対する監督上の「過失」があったということを理由に、民法709条を理由として損害賠償請求をする余地がある。

ここでの監督上の「過失」があるとされるのは、Aが危害を発生させることを父親Pが具体的に予見できる場合に限られる。17〜18歳にもなれば自立した日常生活を送ることができるのが通例であるから、Pの監督上の「過失」が認められるのは、Aの日頃の素行が著しくひどく、他人に損害を発生させないためには日々の生活態度に対し親がしっかりと監視・指導をしておく必要があるような例外的な場合に限られる。

6　加害者や被害者が保険に入っていたら？

(1)　**責任保険**　交通事故による損害の賠償に備えて、自動車・バイクの運転者側には、**責任保険**という種類の保険が存在する。被保険者が起こした事故について、この者が賠償しなければならない損害額を、保険金額を上限にカバーするものである。責任保険には、2種類のものがある。

1つは、自動車・バイクを運行に供する者に加入が強制される**強制保険**[11]であり、**自賠責保険**[12]といわれるものである。交通事故被害者に対して支払われる保険金の額には、被害のタイプごとに上限がある（資料❶）。

もう1つは、加入するかどうかが自由な保険であり、**任意保険**といわれるものである。自動車・バイクについての任意保険として、各保険会社がいろいろな商品を売り出している。任意保険でカバーされる事故、保険金額、保険金が支払われない場合などの詳細については、各保険会社の任意保険に付けられている約款[13]（自動車保険約款）で決められている。任意保険は、自賠責保険でカバーされない事故や損害、高額な賠償に備えて自賠責保険の保険金額の上積みをするうえで、意義がある。

わが国では、自賠責保険の場合には法律（自賠法16条）により、また任意保険の場合には約款により、所定の要件を満たした被害者に、保険会社に対する直接請求権を認めている。

(2)　**損害保険・生命保険**　事故による損害を受けることに備えて、被害者の側でも保険で防御しておくことができる。**損害保険**に加入しておくのが、その方法である。この場合は、被保険者に保険契約で定められた事故が発生し、かつ、損害が生じたときに、保険会社が損害および約束した保険金の限度で保険金を支払う。その他、被害者は、**生命保険**や傷害保険により、万一の事態に備えておくこともできる。この場合、被保険者が死亡したり、傷害や疾病が生じたりしたときに、保険会社が保険契約で約束された額の保険金を支払う[14]。

(3)　**保険金の控除についての違い**　被害者が保険会社から保険金を受け取ったときには、その額が加害者の賠償すべき額から控除されるか。責任保険は、賠償責任額を補填することを目的としたものであるから、被害者が受

→11　自賠法5条

自動車は、これについてこの法律で定める自動車損害賠償責任保険（以下「責任保険」という。）又は自動車損害賠償責任共済（以下「責任共済」という。）の契約が締結されているものでなければ、運行の用に供してはならない。

→12　自賠責保険（自動車損害賠償責任保険）

強制保険である自賠責保険は、その名のとおり、自賠法3条を根拠として発生する損害賠償責任のみをカバーするものである（これに対して、任意保険がカバーする責任には、このような限定がない）。例えば、被害者の財産に生じた損害については、自賠責保険はカバーしない。

→13　約款（やっかん）

多数の取引に対して一律に適用するために事業者により作成され、あらかじめ定型化された契約条項のことをいう。定型約款については、56−57頁の特集コラムを参照されたい。

→14　疾病傷害保険の中には、損害保険としての性質をもつもの〔傷害疾病損害保険〕もある。

け取った責任保険金は控除の対象となる。損害保険も損害の補塡を目的としており、被害者が受け取った損害保険金を控除することに問題はない。これに対して、生命保険は、生命を失ったという事実の発生を条件として保険会社が損害と無関係に一定の金額を支払うことを約束したものであるから、たとえ生命保険金が被害者や遺族の損害の補塡に役立ったとしても、被害者が受け取った生命保険金は加害者が賠償すべき額から控除されない。

7 自転車で人身事故を起こしたら？

■展開例3　Aさんは、大学に通うために、自分が所有している自転車を利用している。ある朝、大学の１限目の授業に遅れそうになったAさんが、通常よりもスピードをあげて自転車を走らせていたところ、道路端を歩いていた会社員のBさんとぶつかった。その弾みでBさんが転倒した際に、縁石に頭をぶつけ、Bさんは生涯寝たきりの生活を送ることになった。

　Aが運転していたのが自転車であったときは、自転車は自賠法２条１項にいう「自動車」の定義に含まれないから、Aは、同法３条に基づく損害賠償責任は負わない（いわゆる電動アシスト自転車であっても同じ）。その結果、強制加入である自賠責保険の対象にならない。他方、Aは、自らに故意・過失があったならば、民法709条に基づく損害賠償責任を負う。
　その結果、自転車で事故を起こしたAは、任意保険に加入していなければ、高額の賠償責任を自己負担することになりかねない（資料❷）。賠償額が１億円を超えることも、まれではない。このような結果にならないためにも、自転車の運転をするときには安全に気をつけなければならないのは当然のこととして、万一の事故に備えて、任意の責任保険（自転車保険）に加入することを強くおすすめする（自治体の中には、例えば、兵庫県や京都市のように、自転車の利用者に自転車保険への加入を義務づけているところが増えている（https://www.mlit.go.jp/road/bicycleuse/promotion/index.html）。

※なお、潮見佳男教授のご逝去にあたり、編者である松岡久和、中田邦博の責任で加筆・修正を行ったことをお断りしておく。

・・

資料❷　自転車事故の高額賠償事例

判決認容額（※）	事故の概要
9,521万円	男子小学生（11歳）が夜間、帰宅途中に自転車で走行中、歩道と車道の区別のない道路において歩行中の女性（62歳）と正面衝突。女性は頭蓋骨骨折等の傷害を負い、意識が戻らない状態となった。（神戸地判平成25年7月4日）
9,330万円	男子高校生が夜間、イヤホンで音楽を聞きながら無灯火で自転車を運転中に、パトカーの追跡を受けて逃走し、職務質問中の警察官（25歳）と衝突。警察官は、頭蓋骨骨折等で約2か月後に死亡した。（高松高判令和2年7月22日）
9,266万円	男子高校生が昼間、自転車横断帯のかなり手前の歩道から車道を斜めに横断し、対向車線を自転車で直進してきた男性会社員（24歳）と衝突。男性会社員に重大な障害（言語機能の喪失等）が残った。（東京地判平成20年6月5日）
6,779万円	男性が夕方、ペットボトルを片手に下り坂をスピードを落とさず走行し交差点に進入、横断歩道を横断中の女性（38歳）と衝突。女性は脳挫傷等で3日後に死亡した。（東京地判平成15年9月30日）
5,438万円	男性が昼間、信号表示を無視して高速度で交差点に進入、青信号で横断歩道を横断中の女性（55歳）と衝突。女性は頭蓋内損傷等で11日後に死亡した。（東京地判平成19年4月11日）

（※）判決認容額とは、上記裁判における判決文で加害者が支払いを命じられた金額です（金額は概算額）。上記裁判後の上訴等により、加害者が実際に支払う金額とは異なる可能性があります。
（日本損害保険協会ウェブサイト　https://www.sonpo.or.jp/about/useful/jitensya/index.html）

2 インターネット上で中傷されたら

> **設例** 京都の大学に通うAさんは、学生が情報交換をするインターネット掲示板に次のようなやり取りがあると友人から知らされ、とても深く傷ついた。
>
> 知人B：Aさ、期末試験でカンニング見つかって留年確定だってさ。
>
> 知人C：実はAは発達障害だから、授業についていけてなかったんだろうな。

1 名誉・プライバシー侵害の不法行為

(1) **人格権・人格的利益**　　知人BやCの投稿は、Aの物や財産を侵害するわけではないが、不法行為といえるだろうか。民法710条・711条を合わせて読むと、709条にいう「権利又は法律上保護される利益」には、財産的な権利だけでなく、「生命・身体・自由・名誉」も含まれていることが読み取れる。これらは、人が存在し、尊厳をもって生きてゆくのに不可欠な権利（人格権とか人格的利益とよばれる）であり、これらの権利を故意・過失ある行為によって侵害する行為も、不法行為である。

　民法上保護される**人格権・人格的利益**には、条文が明示する生命・身体・自由・名誉以外にも、プライバシーや、自分の氏名や肖像に対する権利などもある（次頁コラム参照）。生命や身体は、人の存在そのものに関わる最も重要な権利であるので絶対的に保護されるが、名誉やプライバシーなどは、社会や時代の変化に応じ、どのような場合にどの程度保護されるべきかについて、継続的な議論が常に必要である。2以下で述べるように、インターネット社会・デジタル社会の到来も、名誉やプライバシーの保護に関する法の展開をもたらしている。

(2) **名誉毀損の意味**　　「**名誉が毀損された**」と裁判で認められるには、問題の表現を一般の人が読めばAに対する社会的評価（品性や信用）が低下する、といえなければならない[1]（Bの投稿は該当するだろう）。侮辱されプライドが傷ついたというだけでは足りず、そういう場合は、名誉感情（自己に対する主観的な評価）という別の人格的利益の侵害の問題になる[2]。

　他人の社会的評価を低下させる発言が、常に不法行為になるかというと、そうではない。他人の名誉を毀損する行為は、通常、表現行為（設例の発言のほか、新聞・雑誌の記事、テレビ報道など）である。そして、公共の関心事について、社会の利益を図る目的（公益目的という）でされる表現行為は、一定の場合には、たとえ名誉毀損に当たる表現でも、不法行為責任が成立しない[3]。なぜなら、私たちが様々な情報に触れ、多様な意見を聞いたうえで、自分自身の意見を形成して民主的決定に参加できるのは、**表現の自由**（憲法21条1項）が保障されてこそだからである。自由な表現行為が許されなければ、民主主義社会は成り立たない。そのため、一定の表現行為については、名誉の

➡1　ヘイトスピーチ
　特定の出自や民族の「集団」を名宛とする差別的表現は、一般的には、特定の個人の社会的評価を低下させるものではなく、名誉毀損に当たらない。ただし、たとえ集団を名宛とする言葉で表現されていても、事案の具体的状況からみて、特定の個人に向けられその社会的評価を低下させるものであれば、当然、名誉毀損に該当する。

➡2　名誉毀損罪・侮辱罪
　名誉（人の社会的評価）は、刑法上も、名誉毀損罪（刑法230条）および侮辱罪（同231条）で保護されている。判例・通説では、どちらの罪の保護法益も社会的評価だと解されており、主観的な名誉感情が害されただけの場合には犯罪は成立しない。

➡3　名誉毀損の免責基準
　判例は、表現行為を2つのタイプに分けて、それぞれ次の免責基準を立てている。①一定の事実を摘示する表現行為は、その事実が真実であるか、または真実と信じたことに合理的理由がある場合、②一定の事実に基づき意見を表明する表現行為は、示された事実の主要部分が真実で、人格攻撃のように論評の域を逸脱する表現でない場合には、これらの表現行為が公共の関心事について社会の利益を図る目的でされたものであるかぎり、不法行為責任は成立しない。なお、①の免責基準は、刑法230条の2第1項の考え方が、判例によって民法に持ち込まれたものである。

保護よりも表現の自由の保障が優先されるのである。

（3）　**プライバシー侵害の意味**　　名誉や名誉感情とは別に、個人の**プライバシー**も民法上保護される。プライバシーとは、私生活上の事柄で、一般人ならばみだりに公開されたくない事実（犯罪歴や病歴、私生活上の秘密など）を勝手に公表されない利益であり、私生活の領域に踏み込まれず「放っておいてもらう権利」と理解されてきた（「平穏生活権」という。下記コラム参照）。

プライバシーの保護も、表現の自由との調整が問題になる（政治家など公人の私生活が報道される場面を想起してみよう）。公開された事実が真実であるかぎり不法行為にならないとしてしまうと、公人にはプライバシーなど一切ないというに等しく、調整の基準として適切でない。そこで判例では、プライバシー侵害として不法行為責任が成立するのは、プライバシーに関する事実を公表されない利益と、これを公表する側の理由を天秤にかけて、前者が優越する場合（社会の正当な関心事とはいえない場合）であるとされている。

（4）　**救済手段**　　名誉毀損・プライバシー侵害について不法行為責任が成立すれば、知人B・Cは、Aがこうむった**精神的損害**[4]を賠償する義務を負う（民法709条・710条）。損害賠償の方法は、金銭の支払である（民722条1項→民417条）。精神的損害に対する賠償金のことを**慰謝料**とよぶ。

被害者を名誉等の侵害前の状態に回復させるうえで、慰謝料の支払で十分だとは限らない。そこで民法は、名誉毀損については特別に、名誉の回復に必要な処分を求めることができると定めている（民723条）。[5]

名誉やプライバシーの侵害行為に対しては、上記のように不法行為責任として損害賠償を請求する以外に、「人格権」に基づき侵害行為の**差止め**（すでにされた投稿の削除・訂正や、雑誌や書籍の出版の事前差止め）を求めることもできる。[6]　なお、差止めの勝訴判決を得ようと訴訟手続を進めている間に出版されてしまっては意味がないので、訴えの提起に先立って、仮処分手続[7]（民事保全法23条以下）を用いるのが通常である。

→4　**損害の分類**
民法上賠償の対象になる損害には、財産的損害と非財産的損害があり、後者は精神的損害ともよばれる（本書❶3も参照）。非財産的損害に分類されるのは、自然人がこうむる肉体的苦痛や精神的苦痛のほか、法人の名誉毀損における「無形の損害」がある。法人には苦痛を感じる精神作用はないが、名誉毀損（ブランドイメージ低下など）は成立しうる。

→5　**名誉回復処分**
新聞・雑誌記事による名誉毀損ならば、通例、訂正記事や、同種メディアへの謝罪広告の掲載が命じられる。謝罪を強制するのは思想・良心の自由（憲法19条）に反するおそれがあるが、判例は、単に事態の真相を告白し陳謝の意を表明する程度のものならば、憲法違反ではないとする。

→6　**差止請求権の法的根拠**
民法に、差止請求権を定めた規定はない。判例は、物権の排他性に基づいて物権的請求権が生じる（本書❼参照）のと同様に、人格権の排他性に基づいて生じる権利だとする。つまり差止請求権は、人格権そのものから派生する権利である（権利説という）。不法行為責任の効果ではないので、加害者の故意・過失は要件ではない。

→7　**仮処分手続**
訴訟手続の勝訴判決を待っていたのでは手遅れになる場合に、権利を暫定的に（仮に）保全する措置を求めることができる手続の一種。民事保全法という法律に定められている。

　個人情報の保護と「プライバシー」

情報社会の進展に伴って、特定の個人に紐づく情報（例えば、出生地・居住地、学歴・職歴、病歴、信仰、交通機関の乗車履歴、商品の購入履歴、クレジットカードやローンの負債残高など）が様々に利活用される過程で、本人が関知しないところで本人とは異なる人物像が形作られる危険性も高まっている。

こうした時代に、個人の尊厳（一人の人格として尊重され、生きたいように生きられること）を保障するには、プライバシーという権利を、私生活上の事実を秘匿できる権利と捉えるだけではもはや十分ではない。より積極的に、他人のもとに蓄積された自分に関する情報をもコントロールできる権利（情報の流通を阻止したり、古くなった情報のアップデートや、誤った情報の訂正・破棄をさせたりできる権利）として捉え、この意味でのプライバシーが保護されてこそ、人は自ら望むように生きられるようになる。

「個人情報の有用性に配慮しつつ個人の権利・利益の保護を図ること」を目的とする個人情報保護法（2003年制定、2005年施行）は、適正な個人情報の取得・利用のあり方を「本人の同意」で基礎づけられる範囲に枠付けるものであり、まさに「自己情報コントロール権」としてのプライバシーを保護する法律である。同法は、法律の分類上は公法（行政法）に分類されるが、個人情報を扱う事業者が負う公法上の義務だけでなく、本人が事業者に対して個人情報の開示、訂正、利用や第三者提供の停止、または消去等を請求できる私法上の請求権も定められている（同法28条〜30条）。

他方民法の世界では、伝統的に、プライバシーは「放っておいてもらう権利」と捉えられてきた。しかし最近は、住所・氏名など秘匿性が高くない（一般人ならば秘匿したいと考えるとは必ずしもいえない）顧客の個人情報が漏えいした事案でもプライバシー侵害の不法行為の成立を認める最高裁判決が登場するなど、「自己情報コントロール権」としてのプライバシーに親和的な展開もみられる。

2 インターネット上の表現行為と不法行為

■展開例1　昨年東京で起きた事件の報道直後から、ネットでは盛んに「犯人捜し」が行われていた。ある日、Ｔ社SNSのアカウントＤから「犯人は京都の大学生Ａ」と名指しする投稿がされた。アカウントＥは、「こいつで犯人確定」と書き添えて当該投稿をリツイートした。Ａさんはその事件の犯人ではない。

（1）**個人の情報発信・拡散**　1に述べた一般論は、インターネット上の表現行為（SNS投稿や動画配信など）にそのまま当てはまる。もっとも、設例のような知人からの中傷は、そもそも公共性や公益目的性がなく、責任を免れない場合が多いだろう。また、事件報道は一般に公共性があるが（刑法230条の2第2項も参照）、Ｄが摘示した「犯人はＡ」との投稿は真実ではなく、裏付け調査もしていないから、名誉毀損の責任を免れない。

Ｅのように、投稿を引用・マークする機能（リツイートや「いいね」）を用いて他人の投稿を拡散することも、不法行為となりうる。裁判例には、名誉を毀損する投稿の**リツイート**でも主体的な表現行為といえるとして責任を認めた判決がある一方、「いいね」だけでは賛意の対象を特定できないとして責任を否定した判決もある。分かれ目は、リツイートや「いいね」が、一般の閲覧者からみて独立の主体的表現といえるかどうかである。

（2）**発信者の特定**　インターネット上では、匿名・偽名による情報発信も多い。発信者を特定できなければ、裁判所の手続を利用できず、被害者は泣き寝入りするしかない。そのようなことがないように、**プロバイダ責任制限法**[8]5条に、発信者を特定できる仕組みが定められている。

展開例1（資料❶も参照）のＡは、侵害情報を流通させているホスティングサービス・プロバイダ（HSP）Ｔ社に、当該情報が投稿された通信の発信者情報を開示請求できる。しかし、Ｔ社のSNSが無償だと、発信者のIPアドレスまでしか判明しない。この場合Ａは、当該IPアドレスを使用しているアクセス・プロバイダ（AP）に、当該侵害投稿時に当該IPアドレスでＴ社SNSにアクセスした顧客の情報開示を請求できる。接続サービスは通常有償なので、APならば顧客の住所・氏名等の情報を持っており、これで発信者Ｄ・Ｅを特定できる[9]（以上につき、同法5条1項柱書前段）。

なお最近は、ログイン状態を維持しつつ利用できるSNSが一般的だが、そうしたサービスでは通常、IPアドレスはログイン操作時にしか保存されず、侵害投稿通信の発信者情報にはIPアドレスが含まれないため発信者を特定できない。そのような場合に限っては、ログイン操作時の通信の発信者情報を開示請求できる（同法5条1項柱書後段および2項）。

発信者情報の開示は、発信者のプライバシー、表現の自由（憲法21条1項）、通信の秘密（同条2項後段）の制約になることにも配慮が必要である。したがって、上記の**発信者情報開示請求権**は、権利侵害が「明らか」な場合にかぎり認められる（プロバイダ責任制限法5条1項1号）。それでも、明らかな権利侵害だと安易に断定して開示すれば発信者に対する責任を負いかねず、安易に不開示とすれば被害者に対する責任を負いかねない。この板挟みの解消のため、一見して明白な権利侵害なのに開示しなかった（不開示としたことに故意・重過失がある）[10]のでないかぎり、プロバイダは被害者に対して責任を

➡8　正式名称は、「特定電気通信役務提供者の損害賠償責任の制限及び発信者情報の開示に関する法律」という（2001年11月30日公布、2002年5月27日施行）。

➡9　**開示される発信者情報**
侵害情報が投稿された通信についての、IPアドレス、通信日時（タイムスタンプ）、送信者の氏名（名称）・住所、SNSサービス等のログイン名などである。
侵害投稿通信についてはログイン名しか保存されていないような場合は、次述のとおり、当該ログイン名によるログイン操作時の通信についての発信者情報の開示を請求することになる。

➡10　**軽過失・重過失**
軽過失（または、単に過失）とは、社会生活において通常要求される注意義務の違反、重過失とは、その注意義務違反の程度が故意に匹敵するほど著しい場合をいう。

負うことはない（同法6条4項）。その結果、プロバイダは、誰の目にも明らかな権利侵害のときにしか任意に開示しないのが実際で、開示すべき場合に当たるかどうか裁判所の判断を仰がざるをえない場合が多い。

3　投稿者以外の者にも責任はあるか？

（1）**過酷な状況に置かれる被害者**　インターネット普及以前と比べると、ネット上の誹謗中傷は、様々な点で被害者に過酷である。商業メディアならば誤報や信憑性のない情報の発信に抑制的になるが、匿名の個人は情緒的、衝動的に情報発信することがある。また、公開と同時に誰もが閲覧でき（即時性、広範性）、加害者の特定は容易でなく（匿名性）、リツイート等で侵害情報が拡散すると侵害情報の除去も困難である（分散性、持続性）。それでも責任を負うべきはあくまでも表現行為をした投稿者だとすると、こうした過酷さが被害者のみに押し付けられ、保護が不十分になる。

（2）**プロバイダの不法行為責任**　自己のサービス上で侵害情報を保管し流通させているプロバイダT（HSP）は、責任を負わないのだろうか。

SNS・掲示板などのサービスでは、発信者がサーバーに投稿をアップロードし、閲覧者が当該サーバーにアクセスして当該情報を閲覧する。つまり、APやHSPは、発信者や閲覧者がする情報通信を媒介しているにすぎず、それは表現行為ではないから、表現行為者として責任を負うことはない。

そのうえで裁判所は、自らのサービスにおける侵害情報の流通を認識し、または認識しえたプロバイダには、当該情報の削除など送信防止措置をとる条理上の作為義務があり、削除せず放置すれば、**削除義務**違反（過失）による不法行為責任を負うとしている。流通する全情報の常時監視までは求められないのは、プロバイダにとって過剰な負担になるというだけでなく、被害者保護とインターネット利用者の表現の自由とのバランスが図られた結果である。そして、これ以外の場合に被害者に対する不法行為責任を負うことはないことが、法律で明確にされている（プロバイダ責任制限法3条1項）。

➥11　**発信者情報開示命令の新設**
比較的解決が容易な事案でも開示請求訴訟を提起せざるをえず、またHSPとAPに最低2段階の訴訟手続を経なければならないのが実情となっていたので、最近のプロバイダ責任制限法改正（2021年4月28日公布、2022年10月1日施行）で、訴訟手続よりも簡易迅速に進められる裁判手続（発信者情報開示命令）が新設され、比較的容易な事案であれば1回の手続で迅速に発信者を特定できる途が開かれた。

➥12　**コンテンツ・プロバイダ**
「○○ニュース」などのウェブサイト運営者も一般にプロバイダとよばれるが、掲載するコンテンツを自ら決めて配信するコンテンツ・プロバイダは、当然、表現行為者として責任を負う（プロバイダ責任制限法3条1項但書を参照）。

➥13　**条理上の義務**
法の欠缺（けんけつ）がある場合に、事案の具体的事情に照らして、信義則や事物の道理に適うものとして導かれる法的義務。

資料❶　インターネットのイメージ

〈インターネットサービスプロバイダの種類〉

AP：アクセスプロバイダ。インターネットを利用する際は、APと契約して通信を確立することになる。APは、利用者が通信するごとに、当該通信に固有の「IPアドレス」を割り当てる。

HSP：ホスティングサービスプロバイダ。SNSやブログサービスなど、ネット利用者からの情報を保管し、公開するサービス。別途企業などから広告収入を得ているので、利用者は無償であることも多い。

CP：コンテンツプロバイダ。ニュースやエンターテイメント情報などを提供するポータルサイトや新聞社のウェブサイトなど、インターネット上で、自ら情報を発信しているプロバイダ。

➡14　プロバイダと発信者の関係
　プロバイダは、発信者との間で、当該通信サービスの利用契約を結んでおり、当該サービスを利用させる債務を負っているので、権利侵害に当たらず送信防止すべきではない投稿を送信防止してしまうと、債務不履行の責任（本書❸参照）を負うことになる。

➡15　送信防止措置と表現の自由
　「不当な権利侵害」という条文文言の意味は、権利侵害（社会的評価の低下、プライバシーに関する事実の公開）であることに加えて、公共性があるなどの理由で名誉毀損やプライバシー侵害の責任が否定されることもない、という意味である。そうするとプロバイダは、「不当な権利侵害」だと的確に判断できないときは、発信者に対する債務不履行責任を避けるために、なおも送信防止措置を控えるだろう。侵害情報の流通を認識し削除義務が生じていても、最終的に「不当な権利侵害」でなければ、被害者に対する責任を負うことはないからである。このように、ぎりぎりまで削除されにくい仕組みになっているのも、発信者の表現の自由の保障がそれだけ重要なものと位置づけられているからである。

➡16　リベンジポルノ防止法
　プロバイダ責任制限法の特例法である「私事性的画像記録の提供等による被害の防止に関する法律」（2014年11月27日公布、同日施行。4条のみ同年12月27日施行）では、性的画像の拡散による被害をより強力に防止するため、発信者からの返答を待つべき期間が2日に短縮されている（4条3号）。

　もっとも、具体的にどういう情報が権利侵害に当たるかは高度に法的な判断なので、プロバイダは、削除を躊躇して被害者から責任追及される可能性と、安易に削除して発信者から責任追及される可能性の間で板挟みになる。そのため、「不当な権利侵害」だと考えた合理的理由があれば、削除しても発信者に対する責任はないとされている（同法3条2項1号）。

　(3)　他人の投稿の引用・転載　　リツイートや「いいね」でも、独立の主体的表現といえる程度のものであれば、表現行為者としての責任を免れない（前述2(1)）。また、まとめサイトでの情報の転載も、ネット上にすでにある情報を分類整理して閲覧しやすくしているだけともいえるが、裁判例には、2ちゃんねる掲示板の批判投稿をまとめた個人ブログに関する事案で、当該ブログ運営者が他人の投稿を選別し、文字を修飾・加工するなどしていたことから、新たな独自の表現行為ということができるとして、不法行為責任を認めた例がある。

4　デジタル・タトゥーを消すにはどうすればよいか？

> ■展開例2　　Aさんは、ふだん使っているT社SNSで、父Fの名前を検索してみたところ、Fが10年前に買春事件を起こした際のニュース速報を転載するツイート投稿が、多数存在することがわかった。また、検索エンジンGでおじHの名前を検索してみたところ、Hが起こした傷害事件を報じる15年前の新聞記事（J新聞ウェブサイト）が、検索結果のトップに表示された。Aさんは、なんとか父やおじの力になりたいが、どうアドバイスしたらよいかわからない。

　インターネット上の情報は、権限ある者が削除しないかぎり消えることがない。当初から不法行為責任や差止請求権が成立する情報（展開例1の各投稿）だけでなく、当初は公共性があって損害賠償や差止めを請求しえなかった情報（展開例2のリツイートや新聞記事）でも、それらがずっと閲覧可能な状態であり続けると、被害者の私生活の平穏が乱される（デジタル・タトゥー）。では、展開例1のAや、展開例2の父Fが、T社（HSP）に対して投稿の削除を求めたり、おじHが検索事業者Gに対し、J新聞ウェブサイトを検索結果に表示させないよう求めたりすることは可能だろうか。

　(1)　当初から違法な投稿の送信防止措置依頼　　展開例1に関しては、侵害情報の流通を認識しえたプロバイダは不法行為責任を追及されうる（前述3(2)）から、AがT社に対し、DやEの投稿の削除を依頼すれば（侵害情報の流通を認識させれば）、任意の送信防止措置を促すことができる。

　しかし、T社が「不当な権利侵害」だと的確に判断できないときは、送信防止されない可能性が高い。このことによる被害の継続・拡大を防止するため、発信者に送信防止措置に同意するか否かを照会し7日以内に不同意の返答がなければ（応答がないときも含む）、当該措置を講じても、プロバイダは発信者に対する責任を負わないとされ（プロバイダ責任制限法3条2項2号）、任意の送信防止措置が講じられやすくされている。

　(2)　プロバイダに対する差止請求　　当初は違法でなかった投稿はどうか。T社（HSP）は、利用者に表現行為の「場（プラットフォーム）」を提供する媒介者であり表現行為者ではないが、投稿を保管・配信している。したがって、「引用投稿を閲覧可能にし続ける行為」が父Fの人格権侵害に当たるな

らば、FはT社に対し、人格権に基づく差止請求（前述1(4)）として、投稿削除（投稿を閲覧に供し続けるという侵害行為の差止め）を請求できる。最高裁も、**ツイッター**でのプライバシー侵害の事案で、犯罪報道を転載する「各ツイートを一般の閲覧に供し続ける理由」よりもこれをみだりに公表されない利益の方が優越する場合には、ツイッター社に対し、当該ツイートの削除を請求できるとしている。ツイート削除は必然的に投稿者の表現の自由への制約なので、「閲覧に供し続ける理由」の中身として、投稿の目的や性質・内容も考慮されることには注意が必要である。

（3）**検索事業者に対する差止請求**　おじHが検索事業者Gに対し、Hの氏名等で検索してもJ新聞ウェブサイトをヒットさせないように求めることができれば、Hに関する情報として当該新聞記事にたどり着くことは事実上不可能になるから、被害の拡大を食い止められる。しかし**検索事業者**は、HSPのように自ら情報を保管し配信するものではなく、検索エンジン利用者の求めに応じて、ネット上の情報の所在（URLや表題・抜粋）を提供するのみであり、しかもそれはアルゴリズムを利用して完全に自動化されたプロセスなので、表現行為とも本来言いにくい性格のものである。しかし最高裁は、全自動化されていても、検索事業者の方針に沿った検索結果を出すようプログラムされている以上、「検索結果の提供は検索事業者自身による表現行為という側面がある」と述べて、Google社に対し、特定の検索結果の削除（侵害情報が掲載されたウェブサイトの所在情報を提供するという表現行為の差止め）を請求できるとした。→17

加えて最高裁は、検索結果削除を請求できるのは被害者の利益が「明らかに優越する」場合に限られる、としている点も重要である。検索エンジンは「現代社会においてインターネット上の情報流通の基盤として大きな役割」を果たしているから、これを必要以上に損なわないためである。HSPに対する投稿削除請求（上述(2)）では、このような限定はない。

→17　**検索結果削除と投稿削除の比較**

補足すると、検索結果削除の可否は、プライバシー侵害の事案であれば、「特定のウェブサイトの所在情報を検索結果として提供する理由」と、そこに掲載された事実をみだりに公表されない利益とを天秤にかけて判断される。

ただ、検索結果が削除されても、おおもとの投稿や新聞記事は削除されない（投稿者の表現の自由は必ずしも制約されない）ので、上記「検索結果として提供する理由」の中身として新聞記事や投稿の目的・性質・内容を考慮すべき必然性はない。この点は、HSPに対する投稿削除請求のときとは異なる点である。

最高裁が、HSPに対する削除請求と異なり、検索結果の提供を検索事業者の「表現行為」とわざわざ性格づけるのは、新聞記事や投稿の目的・性質・内容を、検索事業者の表現の自由の問題として考慮できるようにして、公共性のある情報へのアクセスまでもが容易に遮断されることがないようにするためだと考えられる。

そして、さらにそのうえに、「情報流通基盤としての役割」を考慮した厳格な基準がとられるのであり、表現の自由がいかに重要なものと考えられているかがわかる。

・・

 SNSの「なりすまし」アカウント

別人になりすましたSNSアカウントが作成されて投稿が重ねられ、なりすまされた本人が被害を被ることがある。このような場合でも、一般の閲覧者の視点からみて、本人の社会的評価を低下させる投稿内容だったり、本人の私生活上の事実らしく受け取られる事実が公表されたりしているならば、当該個々の投稿は、本人に対する名誉毀損やプライバシーの侵害である。また、アカウント名に本人の氏名が勝手に使われたり（氏名冒用という）、プロフィール画像として本人の画像が使われたりしていれば、氏名権や肖像権の侵害に該当しうる。そしてこれらの場合に、投稿者に対して、不法行為に基づく損害賠償を請求できること、さらに、人格権に基づく差止請求権として、個々の投稿や冒用された氏名・肖像の削除を請求できることに疑いはない。

ところで、氏名や肖像が法的に保護されるのは、私たちの社会的存在の象徴（私が私であることを示すもの）であり、

冒用されたのでは、人格の混同が生じて円滑に社会生活を送ることができなくなるからである。そうだとすると、インターネットを通じた「つながり」が社会生活の重要な基盤となってきた現代社会では、なりすましアカウントの作成自体が、人格の同一性を保持する利益（アイデンティティ権）を侵害する行為であり、人格権に基づく差止請求権として、当該アカウントそのものの削除を請求できる、と考えることはできないかが議論されている。まだ裁判例も少ないが、アカウント名は簡単に変更でき、当該SNS内でのみ使用されるため、人格の同一性の象徴としての度合いが低いことや、アカウント自体の削除を認めると必然的に、権利侵害に当たらない個々の投稿まで全て削除されるため、表現の自由への過剰な制約となりうることなどから、現時点ではまだ否定的に解されており、わずかに、他人の人格権を侵害するためだけに作成されたアカウントだといえるような例外的場合にその削除を命じた裁判例が存在するにとどまっている。

18歳からはじめる民法

3 電動自転車を購入したら

> **設例** 大学生のＡさんは、通学目的で、自転車販売業者Ｂから最新型の電動自転車（以下、甲とする）を15万円で購入し、代金全額を先払いした。甲は、契約の１週間後にＡの自宅に配達されることになっていた。

1 売買契約の意義と債務不履行

　現代社会に生きる私たちは、衣食住のほとんどを、契約によって他人から得ている。そのため、これらの調達手段である売買契約は、日常生活において特に重要な意義を有する。売買契約とは、「これを○○円で売ります」、「その値段で買います」という２つの**意思表示**[*1]が合致することにより成立する契約であり（民555条）、消費者である私たちは、多くの場合、買主の立場で売買契約を締結している。

　売買契約が成立すると、その効力として、買主は売主に対して「目的物を引き渡せ」と請求できる権利を取得し（**目的物引渡債権**）、売主は買主に対して「代金を支払え」と請求できる権利を取得する（**代金債権**）。逆に売主と買主はそれぞれ、これらの債権に対応する義務（債権に対応する義務を**債務**という）として、目的物引渡債務と代金債務を負うことになる。なお、このように債権を有する者を**債権者**、債務を負う者を**債務者**という。設例では、目的物引渡債権の債権者は買主、その債務者は売主であり、代金債権の債権者は売主、その債務者は買主である。また、契約とともに、目的物の所有権（物を自由に使用、収益、処分できる権利）も、売主から買主に移転する[*2]。

　売買契約に基づくこれらの債務は、通常は当事者によって自発的に実行される（この行為を履行という）。しかし、何らかの理由で債務が適切に履行されないことがあり、この場合を**債務不履行**[*3]という。一般にいわれる「**契約違反**」とは、債務不履行のうち、特に契約に基づく債務の不履行を指す言葉である。以下では、どのような場合が債務不履行となるのか、そして売主に債務不履行があった場合には、買主にどのような救済手段が与えられるのかをみていくことにする。

2 債務不履行があった場合の救済手段

> ■展開例１　業者Ｂが甲をメーカーに発注するのを忘れていたため、甲がＡさんに配達されたのは、約束した配達日の１か月後だった。Ａはその間、甲を通学に使えなかったためバスを利用し、運賃１万円を支出した。

　(1) 履行遅滞と遅延損害の損害賠償請求　展開例１では、売主Ｂが契約の１週間後に買主Ａの自宅まで甲を納品すると約束しておきながら発注を忘れ、約束した配達日までに納品することができなかった。このように、債務が履行できるのに、履行するべき時（**履行期**という）を過ぎても債務者が債務を履

➡1　意思表示の意義
　意思表示とは、私法上の法律効果を発生させたいという内心の意思を、言葉や文章などで表示したものをいう。契約の場合、最初にされる意思表示を「申込み」といい、これに対応する意思表示を「承諾」という（売買について、民555条を参照）。

➡2　所有権の移転時期については、本書❶1を参照。

➡3　債務不履行の類型
　債務者が、その債務の本旨に従った履行をしないこと、または債務の履行が不能であることを、債務不履行という（民415条1項本文）。本文で述べるように、債務不履行は、その態様に応じて、履行遅滞、履行不能、契約不適合の3つに分けられ、そのそれぞれについて債権者の救済手段が規定されている。

行しない場合を、履行期に遅れているという意味で、**履行遅滞**という（民412条）。

　この場合、Aは、契約に基づく目的物の引渡請求権を有しているので、売主Bに対して甲を自分に引き渡すように請求することができる。BがAからの請求に応じない場合には、Aは裁判所の力を借りてその債務の内容を強制的に実現することもできる。これを**履行の強制**という（民414条1項）。

　しかし、Bの履行が遅れたことによってAには1万円のバス代という経済的な不利益が生じており、後から甲が引き渡されてもこの不利益はカバーされない。むしろ、Bが合意どおりに甲を納品していれば、Aはバス代を出す必要はなかったはずである。

　このように、債務の履行が遅れたことによってその相手方である債権者に損害が発生している場合、これを**遅延損害**という。この場合、債権者は、原則としてその賠償を請求することができる（民415条1項本文）。

　もっとも、債務者は、その履行遅滞が自らの「**責めに帰することができない事由**[4]」に基づくことを証明できれば、この損害賠償責任を免れることができる（民415条1項ただし書）。

　展開例1では、Aがバス代の1万円を賠償請求する際には、Bの履行が遅れて1万円の損害が生じたことだけを証明すればよい。逆にBの側は、「債務者の責めに帰することができない事由」による遅れだったことを証明しないかぎり、賠償責任を免れない。納品が遅延した原因はBの不注意であり、これは「責めに帰することができない事由」に基づく遅延とはいえないので、AのBに対する1万円の賠償請求は認められることになる。

 4　責めに帰することができない事由
　民法415条1項ただし書によれば、債務者が損害賠償責任を免れることができるかどうかは、「その債務の不履行が契約その他の債務の発生原因及び取引上の社会通念に照らして債務者の責めに帰することができない事由によるものである」かどうかにより判断することになる。通常、債務者がわざと履行しなかった場合（故意）や不注意で履行しなかった場合（過失）には、「責めに帰することができない事由」に基づくとはいえないので、このような免責は認められないことになる。これに対して、自然災害などの不可抗力によって履行ができなかった場合は、免責される可能性がある。

■展開例2　業者Bは、契約から1か月経っても甲の発注を怠っていた。しびれを切らしたAさんは、契約から1か月後、「今後1週間のあいだに甲を引き渡して下さい」とBに通告したが、忙しかったBは、その期間が過ぎても甲を納品しなかった。Aさんは、Bとの契約をやめて代金を返してもらい、他の店から甲を購入したいと考えている。

売買契約以外の契約不適合はどのように処理されるか

　Aと自転車販売業者Bの間の契約が、電動自転車のレンタル、すなわち電動自転車の賃貸借契約であっても、バッテリーの不具合によってAさんがこれを適切に使えないという場合は生じうる。民法562条や563条に相当する規定は賃貸借契約の民法601条以下には置かれていないが、このような場合、Aの救済手段はどうなるだろうか。

　実は、民法559条により、民法典の売買契約の節の規定（民555条〜585条）は売買以外の有償契約（契約当事者が、互いに対価的意義をもつ給付をする契約）に準用されると定められているので、有償契約である賃貸借契約にも契約不適合に関する諸規定が準用される。その結果、Aは、不具合に気がついた時点でBに別のレンタサイクルへの取り替えを請求できることになる。このように、契約不適合の規定は、売買以外の多くの有償契約、例えば賃貸借契約

や請負契約、交換契約、有償寄託契約、有償委任契約、和解契約等にも適用されるため、実務上の重要性が高い（請負契約については、本書⓫を参照）。

＊　準用
　類似する規定の繰り返しを避ける目的で、読み替えのための規定を設け、ある事項に関する規定を他の事項に転用する場合をいう。民法559条では、売買が典型的な有償契約であることから、民法典の売買の節の規定を、原則として他の有償契約にも準用すると定められている。

(2) 履行遅滞に基づく契約の解除権　展開例2では、売主Bの履行遅滞によって、買主Aはずっと甲を入手できない状態に置かれている。この状態のまま他の業者から甲を購入すると、後にBが甲を納品してきた場合には、甲を2台引き取らなければならないことになってしまう。そこで、この場合のAには、損害賠償請求とは別に、Bとの契約を一方的に解消する可能性が認められており、これを契約の**解除**という。そしてこの場合の権利を**解除権**という（民540条以下）。

Bのように履行を遅滞している債務者に対し、債権者が相当の期間（債務を履行するのに通常必要な期間）を定めて履行を促したにもかかわらず（これを履行の**催告**という）、その期間内に履行がされない場合には、債権者に解除権が与えられる[5]（民541条本文）。

展開例2では、目的物引渡債権の債権者であるAは、履行を遅滞している債務者のBに対し、1週間の期限を定めて履行を求めており、これは甲を引き渡すのに通常必要な期間として充分であるといえる。したがって、AはBに対し、「〇年〇月〇日にあなたと締結した甲の売買契約を解除します」と通知すれば解除権を行使したことになり、Bとの売買契約を一方的に解消できる（民540条）。

もっとも、期間を経過した時点での債務不履行が「その契約及び取引上の社会通念に照らして軽微であるとき」には、例外的に解除は認められない（民541条ただし書）。例えば、展開例2とは異なり、甲本体やその鍵は引き渡されているが，スペアキーの引渡しだけが遅れている場合などは、軽微な債務不履行と評価され解除は認められない可能性が高い。

解除された場合、契約は最初からなかったものと扱われるので、AはBに対し、支払った代金相当額（15万円）の返還を請求することができる（民545条1項本文）。あわせて、支払った時点からの利息も請求できる（同条2項）。このように、契約がなかった状態に戻す義務を、**原状回復義務**という。

なお、契約を解除しても、履行遅滞に基づく損害が発生しているかぎり、別途、その賠償を請求できる[6]（民545条4項）。Aは、契約を解除したうえで、展開例1と同じく、それまでにバス代として支払った代金相当額の支払を求めることも可能である。

■展開例3　AさんがBから購入した電動自転車は、製造メーカーCが有名なアニメとコラボして特別な塗装を施した限定バージョン（以下、乙とする）であった。乙は限定生産であったため、Bが発注するのを忘れている間に売り切れて入手不可能になってしまった。

---

(3) 履行不能と損害賠償および解除　展開例3では、売主Bが買主Aに乙を引き渡す債務は、履行できなくなっている。このように、履行が不可能になってしまった場合の債務不履行を、**履行不能**という（民412条の2第1項）。

履行不能の場合、そもそも履行が不可能なので、本来の履行を求めることはできない。そこでAは、引き渡されるはずだった乙に代わる価値の賠償を請求することができる（民415条2項1号）。Aのこの権利を、**塡補賠償請求権**という。また、Aは、Bとの売買契約を解除することもできる（民542条1項1号）。解除された場合、Bは、Aが支払った代金相当額とこれについての利息の支払を内容とする原状回復義務を負う（民545条1項本文および2項）。

➡5　民法541条の催告と「相当の期間」
　判例によれば、この場合の催告に相当の期間を付す必要はなく、催告後、相当の期間が経過すれば解除できるとされている（最判昭和31年12月6日民集10巻12号1527頁）。2017年の改正541条についても同様の解釈がされると考えられるが、本文の解釈は条文の文言に従っている。

➡6　損害賠償と解除の違い
　損害賠償では債務者の債務不履行につき「責めに帰することができない事由」がある場合には免責されるが、解除についてはこのような場合でも可能である（民541条・542条）。その結果、解除はできるが損害賠償請求は認められないこともある。

■展開例4 　業者Bは、甲をAさんに引き渡した。Aさんは、しばらく甲を使って通学していたが、甲には、バッテリー容量の半分しか充電できないという問題があった。原因はバッテリーの初期不良であり、修理には3万円の費用が必要であることが判明した。

　(4)　契約不適合とその救済手段　　(a)　契約不適合とは　　期限までに何らかの履行はされたが、目的物の種類、品質、数量が契約で決めた内容とは異なっていた場合を、契約に適合しない履行という意味で**契約不適合**という（民562条）。

　展開例4では、甲のバッテリーは契約で予定された通常の性能を有していない。この場合、目的物の実際の品質（半分しか充電できない）と契約で決めた内容（予定された充電容量）が異なっているので、契約不適合に当たる。この場合の買主には、次の①～③の救済手段が用意されている。

　①　買主の追完請求権　　契約不適合の場合、まず、買主は売主に対し、改めて契約に従った履行をなすよう請求できる。この権利を買主の**追完請求権**という。具体的には、対象となる債務の内容や性質に従い、「目的物の修補、代替物の引渡し又は不足分の引渡し」のいずれかを請求することになる（民562条）。

　展開例4における追完方法としては、まず、目的物の修補（バッテリーの交換）が考えられる。また、同種のバッテリーが品切れで修理に時間がかかるような場合には、代替物（同じ形式の電動自転車）を引き渡せとの請求も可能である。これに対し売主は、買主に不相当な負担を課するものでないかぎり、買主が請求したのと異なる方法による履行の追完をすることができる（民562条ただし書）。したがって、バッテリーを迅速に修理できるにもかかわらず、買主Aが同じ型式の新車を引き渡せと請求してきた場合、売主Bは、バッテリーの修理による追完で対応することが可能である。

　②　買主の代金減額請求権　　追完請求権は、買主の救済手段として適切

・・・

💬 欠陥住宅の契約不適合責任

　従来の不動産業者との契約においては、売主の責任を引渡し時から2年間に制限する条項が設けられていることが多く、これが欠陥住宅の被害者救済を妨げる大きな要因になっていた。また、展開例4でみたように、民法の契約不適合責任についても権利行使の期間制限が定められており、とりわけ長期間利用する不動産についてはこのような制限は適切とはいえない。

　そこで、これらの問題点を解決するため、1999年に「住宅の品質確保の促進等に関する法律」（品確法と略称される）が制定され、新築住宅の売主の責任が大幅に強化された。2017年の民法改正に伴い改正を受けた同法95条1項によれば、新築住宅の売買契約において、売主は、住宅の引渡し時から10年間、構造耐力上主要な部分等（基礎、壁、柱、屋根など）の瑕疵について、「民法第415条、第541条、

第542条、第562条及び第563条に規定する担保の責任を負う」とされている。本条では、契約不適合に基づく諸権利が引渡し時から10年間にわたり認められている点で買主に有利な内容になっており、同様の保護が、住宅建設請負契約の注文者にも認められている。あわせて、「特定住宅瑕疵担保責任の履行の確保等に関する法律」により、業者が倒産した場合でも確実に補償を受けられる制度も設けられている。これらの措置によって、新築住宅の買主と新築住宅建設請負契約の注文者の保護はかなり充実しているといえる。もっとも、これらの法律の対象は新築住宅の構造耐力上主要な部分と雨水の浸入を防止する部分のみであること、引渡しから10年が過ぎると責任を追及できなくなることなど、現在もなお十分とはいえない点が残されている（本書❶参照）。

に機能しない場合がある。例えば、買主が相当の期限を定めて追完してくれと催告したのに売主が追完しない場合や、修理も代替物の引渡しもできず追完が不可能であるという場合、あるいは追完してもらっても買主にとって意味がないという場合[7]、そもそも売主が追完を明確に拒絶している場合等である。このような場合、買主は、不適合の程度に応じて代金の減額を請求できる。この権利を、買主の**代金減額請求権**という（民563条1項および2項各号）。

展開例4において、Aが相当の期間を定めて修理するよう促したにもかかわらずBが追完しない場合には、Aは、代金減額請求権を行使できる。この場合、少なくとも修理費用相当額について代金が減額されるため、AはBに対し、支払った15万円のうち、修理費用相当額の3万円について、返還を請求できることになる。

③　契約不適合と損害賠償請求および解除　買主が追完請求や代金減額請求を行った場合でも、民法415条に基づく損害賠償請求や、民法541条および542条に基づく解除の要件を満たすかぎり、これらを行うことができる（民564条）。例えば、展開例4において、Aは、Bに甲の修理を請求することができるとともに（民562条本文）、修理のための相当な期間を定めて催告しても追完義務が履行されなかった場合、売買契約を解除できる（民541条本文）。また、追完が遅れたことによって生じた遅延損害についても、展開例1で示した枠組みに従って賠償請求が可能である（民415条1項本文）。なお、展開例4で追完義務が履行されずに売買契約が解除されたとすると、原状回復義務として、AはBに甲を返還する義務、BはAに代金相当額および利息を返還する義務を負うことになる（民545条1項・2項）。

(b)　**契約不適合に基づく権利行使の期間制限**　種類または品質について契約不適合の物が引き渡された場合において、買主に与えられる諸権利の行使期間には制限が設けられている。すなわち、買主がその不適合を知った時から1年以内にその旨を売主に通知しなければ、その不適合を理由とする上記の追完請求権、代金減額請求権、損害賠償請求権・解除権は行使できなくなる（民566条本文）。

展開例4で、Aが修理業者に検査を依頼してバッテリーの不具合に気付いたのが2020年7月1日であったとすると、Aは、2021年の7月1日が過ぎるまでにBにこの不具合を通知する必要があり、通知しないままこの期間を過ぎると権利を行使できなくなる。履行遅滞（展開例1および2）や履行不能（展開例3）の場合の買主の権利が、原則として5年ないし10年間存続するのに対し（民166条1項1号・2号）、契約不適合に基づくこれらの権利は短期間で行使できなくなるため、消費者保護の観点からは問題がある。

このように短期の権利行使制限期間が設けられている理由は、履行が終わったという売主の期待を保護する必要があること、物の契約不適合の有無は短期間で判断が困難になることが多いため、早く法律関係を安定させる必要があることに求められている。もっとも、例外として、売主が引渡時にその不適合を知っていたか、または**重過失**[8]によって知らなかったときは、買主は、この期間経過後も権利を行使できる（民566条ただし書）。

7　追完が不可能ないし追完に意味のない場合とは

追完が不可能な場合（民563条2項1号）の例としては、その種のバッテリーに欠陥が発見されたため製造中止で修補ができない場合や、甲自体の製造が終了しており代替物を入手できない場合などがありうる。追完に意味がない場合（民563条2項3号）の例としては、競技大会に使うため特別仕様の自動車を発注したが、納品が競技日に間に合わなかった場合などが考えられる。

8　重過失

通常の過失より注意義務違反の程度が著しい場合（故意と同視できるほど重大な注意義務違反）のことをいう。条文等で、単に「過失」と書かれている場合には、軽過失を指す。重過失は、民法95条の錯誤や698条の緊急事務管理、失火責任法などの要件として規定されている。

3 未成年者が締結した契約の効力

> ■展開例5　Aさんの弟である15歳のDくんは、両親E・Fに黙って、友人の兄Gから自転車を2万円で購入した。その後Dくんは、自転車で通学中にトラックに轢かれかけたため怖くなり、何とかしてGとの売買契約を解消して代金を取り戻したいと考えている。

　Dのように、満18歳に満たない者を**未成年者**という（民4条）。[9]

　未成年者は、一般に社会経験が少なく取引の能力が未熟であるため、通常は、父母が法律上の保護者（親権者という）として、子の財産を管理するとともに、子の法定代理人としての地位を有している（民818条各号・824条）。[10] 未成年者が父母の同意を得ずに契約した場合、その契約はいちおう有効であるが、未成年者本人と父母は、その契約を取り消すことができる（民5条1項本文および同条2項）。この場合の権利を、取消権という。[11] 取り消された場合、契約は最初から無効だったと評価されるので（取消しの遡及効という）、すでに契約に基づいて目的物が引き渡されたり代金が支払われたりしている場合には、これを契約がなかった状態に戻す義務が生じる（民121条・121条の2第1項）。この場合の義務を原状回復義務といい、展開例2において契約を解除した場合に生じる原状回復義務と類似する性質を有している。

　展開例5では、買主Dは売主Gと契約した時に15歳であり、両親E・Fの同意も得ていなかったため、DとE・Fはそれぞれ単独でGとの契約を取り消すことができる（民120条）。契約が取り消された場合、Gは代金2万円をDに返還する義務を負い、Dは自転車をGに返還する義務を負う。この場合、自転車が使用により古くなっていても、Dは自転車をそのまま返せば足り、新品にして返す必要はない（民121条の2第3項）。未成年者を保護する趣旨である。

　なお、未成年者が成年であると偽ったり、両親の同意を得ていると述べるなどして相手方を騙して契約した場合は、そのような未成年者は保護に値しないので、取消しはできない（民21条）。

➡9 従来の民法は、満20歳に満たない者を未成年者としていたが、成年年齢を18歳に引き下げることを内容とする「民法の一部を改正する法律」が2022年4月1日に施行されたため、現在は、満18歳が成年年齢である。

➡10　法定代理人
　自分以外の人に代わりに契約を結んでもらい、その効果だけを自分のものにできる制度を代理という（民99条1項）。この場合に、本人に代わって契約できる地位を有している者を代理人といい、そのための権限を代理権という。代理権が本人から与えられている場合の代理人を任意代理人といい、本人の意思とは無関係に法律の規定によって代理権が与えられている場合の代理人を法定代理人という。

➡11 未成年者以外にも、精神障害や認知症などで判断能力が不十分な者は存在する。そこで民法は、このような者についても、家庭裁判所の審判によって保護者を付けるとともに、一定の場合に取消権を与えることで保護を図っている。未成年者を含めたこのような弱者保護のしくみを、制限行為能力者制度という。

 物の欠陥と製造物責任

　食品、自動車、自転車、医薬品など、現代社会には、様々な動産が流通している。そして、これらの動産（製造物という）に何らかの欠陥があり、これを原因として人の生命や身体、財産に被害が生じる事故が数多く発生している。電動自転車のバッテリー発火による火傷、欠陥車による事故、食品への異物混入による健康被害、薬害などが代表例である。この場合の被害の救済手段として、民法には、不法行為（民709条）に基づく賠償請求（本書❶参照）が規定されているが、これだけでは被害者の保護には充分でない。同条に基づいて製造者に賠償請求する場合、被害者は、製造者に過失（注意義務違反）があったことを証明しなければならないが、消費者は、複雑な製品のどこに問題があったかを調査する専門知識や経済力を有しておらず、製造者の品質管理能力を信頼せざるをえない地位に置かれていることから、被害者にとって過失の証明は困難だからである。

　製造物の事故についてはこのような構造的問題があるため、製造者に過失があることの証明を消費者に負わせるのは適切ではない。そこで、この場合の被害者を保護する目的で、**製造物責任法**が制定された。同法は民法の特別法（本書❹➡16参照）であり、製造物の欠陥に基づいて人の生命・身体または財産に損害が生じた場合に、その製造、流通、販売の過程に関与した者（製造者、流通業者など）に損害賠償責任を負わせるものである（同法3条本文）。ここにいう欠陥とは、製造物が通常有すべき安全性を欠いていることをいう（同法2条2項）。同法により、被害者は製造者等の過失を証明する必要はなく、製造物に欠陥があることを証明すれば足りるため、通常の不法行為よりも責任が認められやすくなっている。

　例えば、設例のAが電動自転車でアルバイト先に向かっていたところ、バッテリーが突然発火して火傷を負い入院したとしよう。発火するバッテリーを搭載した電動自転車は、通常有すべき安全性を欠いているため、Aはその製造業者に対し、この欠陥によって生じた損害（火傷の治療費、火傷で働けなかった間のアルバイト代相当額の逸失利益、慰謝料など）の賠償を請求できる（同法3条本文）。

18歳からはじめる民法

4 スーパーで食品を買ったら

設例 Aさんが、近所のスーパーBの特売チラシで、大好評・各店限定30パック「〈国産〉牛肉肩スライス、1パック・300グラム入り、税込み880円」との広告を見つけ、友人との食事会用に、特売品の牛肉を2パック購入した。Aさんが、購入した牛肉のパックを持った際、何かボリュームが足りない気がして、トレイを除き、肉をラップフィルムに包んで自宅の秤で計量してみたところ、1つは260グラム、もう一方は270グラムしかなかった。しかし、トレイのラップフィルムに貼られていた表示ラベルには、正味量300グラムと印字されている。この場合、どのような法的問題があるだろうか。

➡1 正味量
パックトレイやラップフィルムの重さは、正味量に含まれない。

➡2 諾成契約・要物契約
合意のみによって成立する契約を諾成契約とよぶ。歴史的には、合意のほかに物の交付が要求される要物契約、合意のほかに定型文言の遵守が要求される言語契約、合意のほかに文書の作成が要求される文書契約が存在する。日本の民法でも、例えば、お金を借りる契約（金銭消費貸借。本書❽参照）のように、合意に加えて目的物の交付があってはじめて成立する契約（要物契約）がある。
以上のように、一定の方式を備えなければ法的拘束力の生じない契約類型がかつては広くみられた。日本の民法では、そのような類型として、上記の要物契約のほかに、契約の成立に書面の作成を要する契約があり、要式契約と呼ばれている。たとえば、金銭消費貸借は、要物契約である場合と（民587条）、要式契約である場合とがある（民587条の2第1項）。

➡3 政令で定める商品
これについては、特定商品の販売に係る計量に関する政令1条、別表第1に定められている。

➡4 法定計量単位
例えば、次のものがある（計量法3条、別表第1）。

量	法定計量単位
長さ	メートル
質量	キログラム、グラム、トン
面積	平方メートル

契約はどのように成立するだろうか。契約書がなければ契約は成立しないと思っている人もいるかもしれない。しかし、契約の成立に契約書の作成が必ず必要とされるわけではない（民522条2項）。むしろ、日常的に行われる多くの契約は、**合意**、つまり、**申込みの意思表示と承諾の意思表示の合致**によって成立する（同条1項）。このような契約を**諾成契約**という。コンビニで買い物をするときも、通学のために電車を利用するときも、契約書なしで契約が結ばれている。この設例でも、Aが、特売品の牛肉2パックをレジに持っていき店員にそれを手渡し、商品に付けられたバーコードがレジで読みとられる過程で、Aによる申込みの意思表示（「これを880円で買います」）とスーパーBによる承諾の意思表示（「これを880円で売ります」）が行われていると考えられる。この2つの意思表示が合致すれば、売買契約は成立する。

こうして、AとスーパーBとの間では、牛肉1パック880円で2パックを売買する契約が成立したといえる。この売買契約に基づき、売主であるBは、この牛肉の所有権をAに移転し、牛肉を引き渡す義務を負い、買主であるAは、代金を支払う義務を負う（民555条）。売主が財産権を買主に移転する義務と買主が代金を売主に支払う義務は、売買契約が成立することによって生ずる。見方を変えれば、売主は買主に対して代金を支払ってもらう債権をもち、買主は売主に対して財産権を移転してもらう債権をもつ。

1 計量の誤差は許されるのか？

■展開例1　スーパーBが販売した牛肉のパックには、計量の誤差がある。このような誤差は許されるだろうか。

計量法12条1項によれば、食肉や野菜など政令で定める商品を販売する事業を行う者は、その商品の量をグラムなどの法定計量単位により示して販売する場合、政令で定める誤差を超えないように、計量しなければならないとされている。

特定商品の販売に係る計量に関する政令によれば、質量に関して表示された量が100グラムを超え500グラム以下の食肉について、2％までの誤差であれば許される（同政令3条1号、別表第1第13号、別表第2表1）。設例では、食用の牛肉の量が300グラムとして表示されているから、誤差は、その重さの2％、つまり6グラムまでしか認められない。したがって、スーパーBの行った計量は、計量法が許容する誤差の範囲を超えている。食肉について許される誤差は、上記の表のとおりである。➡5

表示量	許容される誤差の上限
5g以上50g以下	4％
50gを超え100g以下	2g
100gを超え500g以下	2％
500gを超え1kg以下	10g
1kgを超え25kg以下	1％

➡5 ただし、表中5キログラムを超える部分は、食肉には適用されない（特定商品の販売に係る計量に関する政令別表第1・別表第2表1）。

スーパーBがそうであるように、販売業者が計量法に違反した場合には、都道府県知事等による是正措置の勧告や事業者名の公表といった制裁が予定されている（計量法15条）。

2　実際とは異なる内容量の表示は許されるのか？

■展開例2　スーパーBは、実際の内容量とは異なる量を表示するラベルが貼られた牛肉を売ってもよいのだろうか。

例えば、液晶テレビについて、メーカー希望小売価格が実際には24万円であるのに、「メーカー希望小売価格30万円のものを20万円」と表示することは、景品表示法で禁止されている。➡6 このように、商品またはサービスの価格などの取引条件について、実際のものよりも著しく有利であると一般消費者に示し、不当に顧客を誘引し、一般消費者による自主的かつ合理的な選択を妨げるおそれがあると認められる表示を事業者がすることは、許されない➡7（有利誤認表示の禁止。景品表示法5条2号）。

➡6 正式名称は「不当景品類及び不当表示防止法」である。

➡7 一般消費者とは、問題となっている商品やサービスについて詳しい情報や知識をもっていない消費者のことである。

スーパーBは、実際には260～270グラムしか入っていない牛肉のパックの内容量を正味300グラムと表示していたのだから、商品の数量という取引条

消費者契約法

消費者契約法の内容は、3つに分けられる。

第1に、消費者が事業者の不当な勧誘によって意思表示をし、契約を結んだ場合には、その意思表示を取り消すことができる（同法4条）。取消権に関する規定は、2016年、2018年、2022年に順次拡充され、右の表のようになっている。さらに、2016年の改正により、不実告知における重要事項の範囲が拡げられ（同法4条5項3号の追加）、2018年の改正により、不利益事実の不告知について、事業者に重過失がある場合にも取消しが認められるように要件が緩和された（同法4条2項）。

第2に、民法や商法などの任意規定が適用される場合に比べて、消費者の権利を制限または消費者の義務を加重する消費者契約の条項であって、信義誠実の原則に反して消費者の利益を一方的に害するものは、無効とされる（同法10条）。これを具体化した規定が

8条から9条であり、2016年、2018年、2022年の改正により、無効事由が拡充された。

第3に、消費者団体訴訟である（23頁コラム参照）。

4条の取消しが認められる事由

1項	不実告知
	断定的判断の提供
2項	不利益事実の不告知
3項	不退去、退去妨害、退去困難場所への同行勧誘
	契約締結を相談するための連絡の妨害
	社会経験不足者の不安をあおる告知
	社会経験不足者の恋愛感情等に乗じた告知
	高齢者等の不安をあおる告知
	霊感等の知見として不安をあおる告知
	契約締結前における義務内容の実施、目的物の現状変更
	契約締結前における事業活動の実施と損失補償の請求
4項	過量契約

件について景品表示法が禁止する有利誤認表示を行っていると考えられる。

景品表示法5条の規定に違反する行為があるときは、内閣総理大臣は、その行為を行っている事業者に対し、以下の2つのことを命じることができる。第1に、その行為をやめること、違反行為の再発を防止することなどである（措置命令。同法7条）。この命令に違反した者には、刑罰が科される（同法36条・38条〜40条）。第2に、問題となっている商品またはサービスの売上額の3％の金銭（課徴金）の納付である（課徴金納付命令）。

都道府県知事も、措置命令を出すことができる（同法33条11項、景品表示法施行令23条1項本文）。

3 スーパーBにどのような主張をすることができるのか？

これまで述べてきたように、スーパーBの行った計量や商品の表示が、計量法や景品表示法に違反している場合、行政機関による一定の制裁が予定されている。しかし、この制裁によりAという特定の被害者が直ちに救済されるわけではない。なぜなら、計量法や景品表示法は、**不特定多数の公益の保護**を目的としており、**個別具体的な被害者の救済**を直接の目的としているわけではないからである。

それでは、個々の被害者はどのような法的救済を受けられるだろうか。ここで役割を演ずるのが、**民法や消費者契約法**である。以下では、まず、民法上Aがどのような救済を受けることができるかみていこう。

> ■展開例3
> ①Aさんは、足らない肉を引き渡してもらえるだろうか。
> ②Aさんは、それをあきらめて、多く払いすぎた代金を返してもらえるだろうか。

（1）追完請求権・代金減額請求権 スーパーにおける牛肉の安売り販売では内容量あたりの価格が特に重視される。そして、Aが購入した牛肉のトレイのラップフィルムには、正味量300グラムと表示されていた。これらの事情から、スーパーBは、1パック正味量300グラムの牛肉をAに引き渡すことを約束しており、その数量を確保することが売買契約の内容になっていたと考えられる。

そうすると、スーパーBがAに引き渡した牛肉は、数量に関して契約の内容に適合していないといえる（数量に関する契約不適合）。このような場合、Aには、次の法的救済が与えられる。

第1に、Aは、売主の契約不適合責任に基づき、不足分の肉70グラムの引渡しをスーパーBに求めることができる（民562条1項本文）。Aのこの権利を**追完請求権**という。

第2に、スーパーBが追完請求に応じないときは、Aは、売主の契約不適合責任に基づき、不足する部分の割合に応じて、代金の減額を請求することができる（民563条1項）。Aのこの権利を**代金減額請求権**という。設例では、牛肉2パックで600グラム分のうち70グラムが不足しているので、Aは、205円（小数点以下切捨て）の減額を請求できる。Aが代金の減額を請求するには、まず、Bに対して、相当の期間を定めて不足分の肉70グラムを引き渡すように催告をしなければならない。その期間内にBが不足分の肉を引き渡さないときにはじめて、Aは代金減額請求権を行使することができる（民563条

➡8 景品表示法33条1項により、景品表示法で内閣総理大臣に認められた権限は、消費者庁長官に委任されている。

➡9 課徴金
個別の法律の規定により、一定の違反行為に対して行政機関が課す金銭的な負担である。景品表示法では、5条の規定（ただし、同条3号に該当する場合を除く）に違反する行為に対して、課徴金の納付が命じられる。

➡10 課徴金納付命令が認められない場合
以下の場合には、課徴金の納付を命じることができない。1つは、事業者が、景品表示法5条（3号に該当する場合を除く）で禁止された不当表示をしていた期間中にそのことをずっと知らず、かつ、知らないことについて相当の注意を怠ったのではないとき、もう1つは、課徴金額が150万円未満であるときである（同法8条）。

➡11 正式名称は、「不当景品類及び不当表示防止法施行令」である。

➡12 売主は、種類、品質または数量に関して契約の内容に適合した目的物を買主に引き渡さなければならない。売主がこの義務に違反したときに負う責任を契約不適合責任という（民562条〜566条・568条〜570条・572条）。

➡13 追完請求権
売買契約において買主に引き渡された目的物が種類、品質または数量に関して契約の内容に適合しないものであるときは、買主は、売主に対し、目的物の修補、代替物の引渡しまたは不足分の引渡しによる履行の追完を請求することができる（民562条1項本文）。本書❸17頁も参照。

➡14 代金減額請求権
売買契約において買主に引き渡された目的物が種類、品質または数量に関して契約の内容に適合しないものである場合、買主は、相当の期間を定めて履行の追完の催告をし、その期間内に履行の追完がないときは、その不適合の程度に応じて代金の減額を請求することができる（563条1項）。売主の同意がなくても、買主が代金減額の意思表示をするだけで、代金は減額される。本書❸18頁も参照。

1項)。

> ■展開例4　Aさんは、商品を返品して、払った代金をすべて返してもらえるだろうか。

（2）契約の解除　①合意解除される場合　AとスーパーBとの間には売買契約があるから、当然にはこのような要求は認められない。なぜなら、Bは売買契約に基づいて代金を受け取っている以上、この契約の効力が何らかの理由で否定されないかぎり、受け取った代金を保持できるからである。もっとも、実際には、AがBに苦情を言って商品の返品と代金の返還を要求すれば、Bはこの要求を受け容れるかもしれない。もし、Bがこの要求を受け容れれば、売買契約が両当事者の合意により解消されたものと考えられる。合意による契約の解消を合意解除という。この場合には、当事者の合意により売買契約の効力が否定され、Bは、受け取った代金をAに返還しなければならなくなる。この返還義務は、当事者の合意に基づいて発生する。

②合意解除されない場合　契約が合意解除されない場合には、Aは、商品の返品と代金の返還を請求できるだろうか。

AとスーパーBとの間の売買契約では、1パック300グラムの数量を確保することが契約の内容になっていることは、すでに説明した。しかし、Aに引き渡された牛肉は数量が不足しているから、Aは、相当の期間を定めて不足する牛肉を引き渡すように催告し、その期間内にBから不足分の引渡しを受けないときは、契約を解除することができる（民564条・541条本文）。しかし、スーパーで消費者に安売りされる牛肉は、内容量が多少少なくても、調理して食べることができることに変わりはない。したがって、催告期間が経過した時にBが不足分をAに引き渡していなかったとしても、Bの契約違反は軽微であるといえるだろう。そうだとすると、Aは、契約を解除することができない（民564条・541条ただし書）。

（3）消費者契約法による意思表示の取消し　次に、Aが消費者契約法に

→15　解除
　契約の一方当事者の意思表示によって、有効な契約を消滅させることをいう。合意によって契約を消滅させる合意解除とは異なる。また、解除と似た用語として取消しがある。取消しは、詐欺や強迫、不実告知などによって意思表示がその形成過程において歪められた場合に、取消権を有する者の意思表示によって、歪められた意思表示を遡及的に（意思表示がされた時にさかのぼって）無効にすることをいう。

　消費者団体訴訟・集団的消費者被害救済制度

　消費者契約に関係する事件の多くでは、多数の消費者がそれぞれ少額の被害を受けるため、訴訟を起こさずに泣き寝入りしてしまう被害者が多い。

　そこで、2006年の消費者契約法改正で、いわゆる消費者団体訴訟が導入された。これにより、事業者による不当な行為をやめさせる（差し止める）権利が、特定の消費者団体に付与されることになった。

　差止めを請求できる消費者団体は、適格消費者団体である（同法12条）。これは、不特定多数の消費者の利益のために差止請求権を行使する適格を有している団体として、内閣総理大臣により認定を受けた団体である（同法13条）。2022年8月現在、全国で23の団体がその認定を受けている。

　消費者契約法上の差止めの対象は、不当な勧誘行為と不当条項（内容が不当な契約条項）である（同法12条）。さらに、景品表示法では、優良誤認表示と有利誤認表示が（同法30条1項）、特定商取引法では、訪問販売における不実告知や通信販売における虚偽広告・誇大広告などが差止めの対象となる（同法58条の18〜58条の24）。

　しかし、この消費者団体訴訟は、将来の消費者被害を防ぐことはできるが、過去に生じた被害を回復することはできない。そこで、2013年に、消費者の財産的被害等の集団的な回復のための民事の裁判手続の特例に関する法律（名称は2022年改正後のもの）が制定され、2016年10月1日に施行された。この法律により、一定の適格消費者団体が個々の消費者に代わってまとめて事業者等に訴訟を提起し、消費者に賠償金を得させるなどして、消費者に生じた過去の被害を回復するための新たな制度が用意された。

＊　正式名称は「特定商取引に関する法律」である。

よって救済を受けられないかみてみよう。

①**消費者契約法の意義**　民法は、対等な２人の当事者がそれぞれ自ら情報を収集して自由に交渉し相互に譲歩しながら納得ずくで契約を結ぶという契約像を前提としているが、現代の消費取引には、このような契約像はあてはまらない。なぜなら、現代の消費取引では、消費者側よりも事業者側に契約にかかわる情報が集中し、消費者と事業者との間に交渉力の格差が生じているからである。そこで、消費者と事業者との間に情報と交渉力の格差が構造的・定型的に存在することを正面から認め、消費者の利益を擁護するために、2000年に消費者契約法が制定された（同法１条参照）。消費者契約法は、民法の特別法である。[16]

消費者契約法が適用される消費者契約とは、消費者と事業者との間で締結される契約である（同法２条３項）。大まかに言えば、消費者とは個人であり、事業者とは団体である（同法２条１項・２項）。AとスーパーBとの間の売買契約は、消費者と事業者との間で締結された契約であるから、消費者契約であり、消費者契約法が適用される。[17]

②**不実告知による取消し**　事業者が消費者契約の締結の勧誘をする際に、重要事項について事実と異なることを告げ、告げられた内容が事実であると消費者が誤認し、これによって意思表示をしたときは、消費者は、申込みまたは承諾の意思表示を取り消すことができる（**不実告知による取消し**。同法４条１項１号）。[18]

不実告知の重要事項には、⑦消費者契約の対象となるものの内容と取引条件のうち、契約を締結するか否かについての消費者の判断に通常影響を及ぼすべきものと、④消費者契約の対象となるものが、消費者の重要な利益に損害や危険が生じるのを回避するために通常必要であると判断される事情が含まれる（同法４条５項）。例えば、実際には白アリがいないにもかかわらず、「床に白アリが巣食っている」と告げられて白アリ駆除サービスの契約が締結された場合を考えてみよう。床下の状況は、契約内容や取引条件ではなく、契約締結の前提となる事柄だから、⑦の重要事項ではない。しかし、シロアリが本当に存在していれば、消費者の建物が損傷し、その価値が減少してしまう。このような財産上の不利益を回避するためにシロアリの駆除は通常必要であると判断されるから、床下の状況は④の重要事項に当たる。したがって、「床に白アリが巣食っている」と告げることも不実告知となる。

それでは、スーパーBの設例の行為は不実告知に当たるだろうか。牛肉の売買契約において内容量が取引条件に当たることは疑いがない。また、スーパーでの牛肉の安売り販売では、牛肉の内容量は契約を締結するか否かについての消費者の判断に通常影響を及ぼすべき取引条件に当たるといえるだろう。したがって、Bが260グラムまたは270グラムの牛肉を300グラムと告げて売る行為は、重要事項について事実と異なることを告げたといえる。そして、Aは、告げられたグラム数を真実であると誤認して、牛肉を買うという意思表示をしたのだから、不実表示によりその意思表示を取り消すことができる（同法４条１項１号）。

③**取消しの効果**　取り消された意思表示は、意思表示をした時にさかのぼって無効と扱われる（民121条）。そうすると、その意思表示に基づいて成立した契約も成立時にさかのぼって無効となり、契約の各当事者は、契約に

➡16　**一般法・特別法**
　適用の対象が特定の人・事物・行為または地域に限定されている法を特別法という。これに対して、それよりも適用の対象が広い法を一般法とよぶ。例えば、民法は広く契約一般に適用されるのに対して、消費者契約法は消費者契約にのみ適用されるので、一般法である民法に対して消費者契約法は特別法に当たる。特別法がある場合には、特別法が一般法に優先して適用される。本書❶98頁も参照。

➡17　スーパーBが個人で経営している店であったとしても、Bが商品を反復継続して販売している場合には、「事業として……契約の当事者となる場合における個人」（消費者契約法2条2項）に当たるので、消費者契約法上の事業者であるといえる。

➡18　「事実と異なること」を告げるとは、客観的にみて真実でないことを告げることであるとされる。例えば、スーパーの店員が店頭でスイカが「甘い」と言ったので買ったが、実際には甘くなかったという場合には、店員の主観的な評価が告げられているだけだから、事実と異なることを告げたことにはならない。これに対して、スイカの糖度が実際には10度であるにもかかわらず、12度であると表示した場合には、客観的にみて真実でないことを告げているのだから、事実と異なることを告げたといえる。

基づいて受け取ったものを保持する原因を失ってしまう。その結果、設例でいえば、Ａは牛肉を返品（返還）する義務を負い、スーパーＢは代金を返還する義務を負う。このように、無効な行為に基づく債務の履行として給付を受けた者は、相手方を契約締結前の状態（原状）に復させる義務（原状回復義務）を負う（民121条の2第1項）。

> ■展開例5　Ａさんは、スーパーＢで、脂肪の吸収を抑える効果があると説明を受けてサプリメントを購入し、全部食べてしまった。Ａさんは、その後、ニュースで当該サプリメントにはそのような効果がないことを知り、直ちに不実告知により契約を取り消し、支払った代金の返還をＢに求めたが、Ｂは、Ａさんがサプリメントを消費したことを理由に代金の返還を拒んだ。この場合、どうなるだろうか。

　民法の規定によれば、ＡもＢも原状回復義務を負い、Ａは、Ｂから代金の返還を受けるためには、サプリメントの現物を返還するか、それができない場合には、その価値に相当する額を返還しなければならないことになる（民121条の2第1項）。しかし、消費者契約である展開例5の場合にそのようなことを認めると、結果的にＡは本来望まない商品を購入させられたこととなり、事業者であるＢは利益を得ることとなって、消費者契約法4条が取消権を認めた意味が失われてしまう。そこで、消費者を保護するために、消費者契約法は、消費者が給付を受けた当時、契約が取消可能であることを知らなかったときは、民法の規定とは異なり、その返還義務の範囲を「**現存利益**（現に利益を受ける限度）」に制限することとした（同6条の2）。Ａは、サプリメントを購入したときに、脂肪の吸収を抑える効果がないことを知らず、かつ、すでにそれを全部消費してしまっている以上、現存利益は存在せず、何らの返還義務を負わないこととなる。したがって、Ａは、Ｂから代金全額を返還してもらうことができる。

→19　現存利益
　「現に利益を受けている限度において」返還される利益のことをいう。展開例5のＡがサプリメントの一部または全部をまだ消費していなかった場合のように原型のまま残っている利益はもちろん、形を変えて残っている利益も現存利益に含まれる。例えば、Ａがサプリメントではなく生活必需品を購入してそれを消費してしまった場合のように、消費によって出費を節約したといえる場合には、節約によって得た利益の返還が必要となることがある。
　しかし、出費の節約を認めると、Ａが本来望まない商品を購入するのと同じ結果となってしまい、消費者契約法4条が取消権を認めた趣旨が損なわれるから、たとえ生活必需品の場合であっても出費の節約を否定し、現存利益を認めないという考え方もありうる。

 身近な消費者相談は消費生活センターへ

　全国に856か所（2022年4月1日時点）ある消費生活センターでは、商品やサービスなど消費生活に関する相談を電話や窓口で受け付けているほか、商品テスト、消費者の啓発活動などの業務を行っている。2009年に消費者安全法が制定され、消費生活センターを設置する努力義務が市区町村に課されたことにより（同法10条）、同センターの数は、2009年の501か所から大幅に増加した。

　しかし、従来、消費トラブルの被害者が消費生活センターに相談する割合は必ずしも高くなかった。例えば、2008年版の国民生活白書では、消費生活センターまたは国民生活センターに相談した被害者は、全体の13.5%にとどまっている。そこで、消費生活相談をより身近なものとするため、2010年1月から、消費者ホットラインの利用が全国で開始された。これは、消費者ホットラインに電話をすると、相談者の近所にある消費生活センターを紹介してもらえるシステムである。2015年7月からは、3桁の電話番号「188（いやや）」で、全国どこからでも利用できる。2021年度の入電件数は、21万1695件であった。

　もしも、消費生活上のトラブルが生じた場合には、こうした身近な消費者相談を利用してみるのもよいだろう。

20歳未満の相談内容の上位10位と件数

1	インターネットゲーム	4,322
2	化粧品	2,938
3	健康食品	1,951
4	商品一般	1,071
5	アダルト情報	995
6	紳士・婦人洋服	631
7	娯楽等情報配信サービスその他	604
8	出会い系サイト・アプリ	544
9	内職・副業その他	363
10	電気	297

（独立行政法人国民生活センター『消費生活年報2022』18頁より抽出〔PDF版が国民生活センターウェブサイトで閲覧可能〕）

5 英会話教室に通ったら

設例 18歳のＡさんは、大学に入学したので、英語力をつけようと考え、自由予約制の英会話教室を営むＢ社との間で、同教室への入会手続を行い、100回分のレッスン料として40万円を支払った。

1 英会話教室に入会することの法的意味は？

⇒1 委任と準委任
民法は、法律行為をすることを他人に委託する契約を委任とし（民643条）、法律行為以外の事務を委託する契約を準委任として区別している（民656条）。しかし、準委任には委任の規定が全面的に準用されるとすると（同条）、両者を区別する実益は大きくない。そこで、法律行為以外の事務の委託まで含めて広く委任とよばれることもある。

英会話教室に入会してレッスンを受ける旨の英会話受講契約は、英会話の教育というサービス（法律では「役務」という）の提供を主な内容とするので、民法では、**準委任契約**に当たり**委任**に関する規定が準用される^{⇒1}（民656条）。準委任契約は、当事者間におけるサービスの委託とその承諾という合意によって成立する（民643条参照。このように合意だけで成立する契約を「諾成契約」という）。準委任には、対価なしにサービスの提供が行われる無償の場合と、サービスを受ける者がその対価の支払義務を負う有償の場合とがあるが、設例では、報酬支払の約束もあるので（民648条1項参照）、有償の準委任契約が成立したといえよう。

契約が成立した場合、当事者にはその契約に基づく権利義務が発生する。設例では、英会話教室を経営するＢ社は、受講者に対して、その契約の内容に従ってレッスンを提供する義務を負い、受講者は、契約に従ってその報酬を支払う義務を負う。民法では、委任契約・準委任契約の場合、報酬は後払が原則とされているが（民648条2項参照）、当事者間で特約がある場合はその特約に従う。設例でも、Ａは前払特約に基づいて、レッスンを受ける前にＢに対してレッスン料を支払ったものと考えられる。

2 継続的役務提供契約と債務不履行の成否

■展開例1 Ａさんは、レッスンを4回受けたが、以下の事情があった場合、Ｂ社の債務不履行責任を問うことができるか。
(1) Ａさんが期待したほどには英会話のレッスンは面白く感じられなかった。
(2) Ｂ社の広告や契約時に示されたパンフレットには、「地元で留学体験」「講師陣はほぼ全員ネイティブ」と記載されていたのに、実際にはネイティブスピーカーは1割足らずで、1度もそのレッスンを受けることができなかった。

後述のとおり、（準）委任契約の場合、契約の解除は、受任者（本問ではサービス提供者であるＢ）の債務不履行がなくてもできるが、ＡがＢ社の債務不履行による損害賠償責任を問う場合には（民415条）、その前提として、Ｂに債務不履行があったといえるかが問題となる（債務不履行については、本書❸14頁参照）。

Ｂ社は、Ａとの契約に基づき、Ａに対して、英会話の教育というサービスの提供義務を負う。民法は、受任者は、「委任の本旨に従って」「**善良な管理**

26

者の注意」をもって、委任事務処理を行わなければならない旨規定している（民644条）。債務不履行の有無は、契約の趣旨に照らして判断される。

　現実には、設例のようなサービスの提供契約において、どこまでのサービスを提供すれば契約に従った履行といえるのかが問題となることも少なくない。教育の方法は一様ではなく、受講者のレベルや反応に応じた柔軟な対応が必要となるため、予定したスケジュールの変更をもって直ちに債務の不履行ということはできない。また、その効果の現れ方は、受講者によっても違いがあり、ある受講者が面白く感じないとか上達しないとしても、それだけで直ちにサービス提供者側の債務不履行とはならない。展開例1(1)の事情だけでは、B社に債務不履行があったと認められないであろう。

　これに対し、展開例1(2)の場合は、B社は受講者に対してネイティブによるレッスンを提供しうることを約束して契約をしており、ところが実際にはネイティブによるレッスンを提供できる体制が整っておらず、Aに対してもその提供ができなかったというのであれば、Bに債務不履行があったと認められる可能性が高い。その場合、AはBに対して、この債務不履行によって生じた損害（相当因果関係のある損害）の賠償を請求できる[3]（民415条・416条）。

3　民法に基づく任意解除権の行使

■展開例2　Aさんは、契約をして1か月の間にレッスンを4回受けたが、期待したほどには面白く感じられなかったので、退会して返金を請求したい。

　展開例2でも、Aはまず、Bの債務不履行を理由とする解除（民541条・542条）を考えるかもしれないが、**2**で述べたように、Aがレッスンを面白く感じないというだけでは、Bに債務不履行があったとはいえないので、債務不履行による解除は難しい。

　しかし、委任契約は、当事者間の特別な人的信頼関係に基づいているため、相手方に債務不履行がない場合でも、各当事者はいつでも契約を解除することができるとされており（民651条1項）、その規定は準委任にも準用されている（民656条）。これを、債務不履行を理由とする解除と区別して、「**任意解除権**」という。そこで、Aは民法上、この規定に基づいて契約を解除することができる。

　委任や準委任契約の解除は、民法上、あくまでも「将来に向かって」効力を生ずるにすぎないので[4]（民652条・656条）、すでにサービスが提供された分の効力については影響を及ぼさない。したがって、Aは、すでに受講したレッスンの対価（4回分：1万6000円）については、その返還を請求することができない。未だ受講していないレッスンの対価（38万4000円）については、その返還をBに対して請求できるが、民法上は、特約によりAの権利が制限される余地もある。それでは、Aにとってより有利な方法はないのであろうか。

4　特定商取引法に基づいて解除して返金を請求する可能性

　展開例2では、Aは、**特定商取引法**の規定に基づいて退会（解除）することも考えられる。特定商取引法という法律は、特に消費者トラブルの多い一定の取引類型について（→資料❶参照）、消費者保護のための諸規定を設けている法律であって[5]、そこには、事業者に対する行政規制や罰則など公法の性

➡2　善良な管理者の注意義務（善管注意義務）
　尽くすべき注意の程度としては、「善良な管理者」つまり、受任者と同一のグループ（職業や社会的地位等）の平均的な人が合理的に尽くすであろう注意が標準とされる。

➡3　損害賠償が認められた事例
　専門学校等の授業内容が学校案内などの記載内容と大きく異なっていたことが債務不履行に当たるとして、受講者の学校に対する損害賠償請求が認められた裁判例として、例えば、東京地判平成15年11月5日判時1847号34頁、大阪地判平成15年5月9日判時1828号68頁など参照。

➡4　民法652条の適用対象
　解除の将来効を定めた民法652条の規定は、任意解除権行使の場合（民651条）のみならず、債務不履行解除の場合（民541条・542条）にも適用されると解するのが伝統的学説である。これに対し、学説には、委任事務未履行の段階での債務不履行解除には遡及効を認める見解もあるが、この立場でも、解除はすでに履行された委任事務にまで遡及するわけではない。

➡5　特定商取引法と「消費者」の保護
　特定商取引法は、「消費者」という概念を用いて正面から適用対象を消費者契約と定めている訳ではない。しかし、適用除外規定等をとおして、実質的に消費者を保護の対象としている。特定継続的役務提供等契約についても、50条1項1号で、役務提供受領者が営業のためにまたは営業として締結する場合には、当該章の規定は適用しないとされている。

→6　公法と私法については本書❶97頁参照。

→7　学習塾の場合

　設例とは異なり、Aが英語を、入学試験の受験のための予備校や補習塾などのような、いわゆる学習塾で習っていた場合はどうであろうか。学習塾の受講契約も、特定商取引法にいう特定継続的役務提供契約の１つではあるが（特商法41条１項１号および政令・資料❷）、語学教室とは別の類型として予定されている。クーリング・オフについては両者に違いがないが、中途解約時の清算の規律には違いがある（資料❹参照）。

→8　特定商取引法におけるクーリング・オフ

　特定商取引法は、①訪問販売、②通信販売、③電話勧誘販売、④連鎖販売取引、⑤特定継続的役務提供、⑥業務提供誘引販売取引、⑦訪問購入という７つの取引類型について規定を設けているが（資料❶）、このうち、通信販売を除く６つの取引類型について、それぞれ、クーリング・オフの規定を置いている（その期間については、資料❸参照）。つまり、特定商取引法は、その定める各取引類型について、消費者に、書面の交付を受けた後、頭を冷やして熟慮する期間を与え、その期間内であれば消費者が費用負担なく契約関係を解消する権利を有するとしているのであり、このような消費者の権利を指して、一般に、クーリング・オフとよばれている。

→9　特定継続的役務提供等契約

　消費者が英会話のレッスンというサービス（特定継続的役務）の提供を受ける場合の中には、設例のようにサービスの提供を受ける契約を事業者と締結する場合もあるが（「特定継続的役務提供契約」）、そうではなく、サービスの提供を受ける権利を購入するという形で契約をする場合もある（これを「特定権利販売契約」という。特商法41条１項２号）。特定商取引法は、この２つを併せて「特定継続的役務提供等契約」とし、両者にほぼ同様のルールを適用することにしている。

→10　クーリング・オフと不当利得

　すでにAがサービスの提供を受けた後にクーリング・オフが行使された場合でも、事業者は、それによってAが受けた利益を、不当利得として返還請求することもできない。48条６項は一般の不当利得の規定の適用も排除することにより、この場合の役務提供受領者の利益を図っているのである。

質を有する規定も含まれているが、それと並んで、当事者の権利義務関係を定めた私法の性質を有する規定も含まれている→6。英会話教室をはじめとする語学教育に関する契約は、その期間が２か月を超えかつ金額が５万円を超える場合には、同法に定める「**特定継続的役務提供契約**」に該当するとされており（特商法41条１項１号および政令・資料❷参照）、設例の契約もこれに該当する。そして、同法は、特定継続的役務提供契約の解除について、**クーリング・オフ**→8（同法48条）と、**クーリング・オフ期間経過後の中途解約**（同法49条）の規定を置いている。そこで、次節でまず、クーリング・オフとはどのような制度なのか、Aはクーリング・オフをすることができるのかについて検討しよう。

5　クーリング・オフはできるか？

　(1)　クーリング・オフ制度の概要　　Aにとって最も有利な手段が、クーリング・オフによる退会である。特定商取引法48条は、特定継続的役務提供等契約のクーリング・オフを規定している。これによれば、Aは、サービス提供事業者であるB社から、同法42条２項または３項に定める書面（法定書面）の交付を受けた日から起算して８日を経過するまでの間は、書面または電磁的記録により契約を解除することができる（同法48条１項）。

　(2)　クーリング・オフ制度の趣旨と要件　　特定継続的役務の提供契約においてクーリング・オフが認められている主な理由は、サービス受領者（消費者）にとって、提供されるサービスの内容をあらかじめ客観的に確認することが難しく、その効果も不確実であることにある。８日間という期間は、契約締結時から起算されるのではなく、法定書面が交付された日から起算される。たとえ「契約書」と書かれた書面の交付があったとしても、そこに、例えばサービスの内容、提供期間、対価、あるいはクーリング・オフに関する記載など、法律で要求された記載事項のいずれかが欠けている場合（書面不備）には、法定書面の交付があったとはいえないので、なおクーリング・オフをすることができる。

　(3)　クーリング・オフの効果：民法の規定による解除との違い　　クーリング・オフとしての解除がAにとって有利である理由は、特にその効果にある。

　すなわち、民法に基づく準委任契約の解除は、「将来に向かった」解除であり（民652条）、未受講分について契約関係を解消できるにすぎない（したがって、すでに受けたレッスン代の返還は請求できない）が、特定商取引法48条に基づくクーリング・オフは、最初にさかのぼって契約の効力を消滅させる。したがって、Aは、契約に基づくサービスの対価その他の金銭を、B社に対して支払う義務がなくなり、すでに支払った金銭全額の返還をBに対して請求することができるのである（同法48条７項）。しかもBは、提供したレッスンの対価その他の金銭についてもAに請求することはできず（同法48条６項→10）、違約金や損害賠償の支払を請求することもできない（同法48条４項）。仮にAが、入会時にレッスンのテキストやCDなどを購入していたときは、Aは、レッスンに関する契約を解除するとともに、これらの**関連商品**の売買契約も解除することができる（同法48条２項）。この場合、Aは、商品代金の返還をBに対して請求することができ、商品の返還はBの費用負担で行うこと

とされている（同法48条5項）。

　なお、クーリング・オフに関するこの規定は**強行規定**であり、クーリング・オフを否定または制限し、あるいは、クーリング・オフの効果を消費者に不利な形で修正する特約があったとしても、そのような特約は法的には効力が認められない（同法48条8項）。

　(4)　展開例2の場合　　展開例2では、Aが契約をして1か月が経過し、レッスンも4回受けているが、もし、未だ法定書面の交付がなく、あるいは、法定書面の交付から8日を経過していないのであれば、なおAは、クーリング・オフとしての解除をして全額の返金を請求することができる。一方、法定書面の交付を受けて8日を経過した後であれば、クーリング・オフはできない。この場合は、中途解約を検討することになる。

6　中途解約に関する民法の原則と特別法の特則

> ■展開例3　Aさんは、契約時に法定書面の交付を受け、その後1か月の間にレッスンを4回受けたが、期待したほどには面白く感じられなかったので退会して返金を請求したい。しかし、契約条項には、受講生が途中で解約する場合には、その受講回数にかかわらず、すでに提供されたレッスンの料金に加え、20万円を支払わなければならない旨が定められており、B社はこの条項に基づき18万4000円しか返還しないと主張している。

　展開例3では、Aは、もはやクーリング・オフはできないが、将来に向かって契約を解除すること自体は、民法によっても（民651条）、原則として可能である。しかしここで問題となるのは、特約が設けられている場合であり、特に中途解約をした場合における損害賠償額の予定条項（名目は、解約手数料などとされていることも多い）の効力である。

　民法651条は任意規定と解されているので、同条に基づく解除権を特約で制限することも、契約自由の原則（特に契約内容の自由：民521条2項）に基づき可能であり、損害賠償額の予定条項についても、当事者はこれを定めるこ

⇨11　**強行規定と任意規定**
　契約については、当事者の意思を尊重するという基本的な考え方（契約自由の原則）がとられているので、民法の契約に関する法律の規定には、当事者がその規定と異なる特約を設けることを認めるという性質のものが多い。このような法律規定を「任意規定」という。これに対して、一定の目的に基づき、当事者が特約等によって異なる定めをすることを認めないという性質の法律規定もある。これを「強行規定」という。特定商取引法は、消費者保護の観点から、強行規定を多く設けている。

- -

資料❶　特定商取引法の規制対象となる取引

特定商取引 ｛
- ①広義の訪問販売（第2章第2節）｛ 狭義の訪問販売（ex.住居訪問、職場訪問）／キャッチ・セールス／アポイントメント・セールス
- ②通信販売（第2章第3節）
- ③電話勧誘販売（第2章第4節）
- ④連鎖販売取引（第3章）
- ⑤特定継続的役務提供（第4章）
- ⑥業務提供誘引販売取引（第5章）
- ⑦訪問購入（第5章の2）

資料❷　特定商取引法の規制対象である「特定継続的役務提供契約」

役務の種類（政令で定める「特定継続的役務」）	期間（以下の期間を超えるもの）	金額（以下の金額を超えるもの）
エステティックサロン	1か月	5万円
美容医療	1か月	5万円
語学教室	2か月	5万円
家庭教師の派遣	2か月	5万円
学習塾	2か月	5万円
パソコン教室	2か月	5万円
結婚相手紹介サービス	2か月	5万円

※　「特定権利販売契約」を含めた「特定継続的役務等契約」については、⇨9参照。

とができるとされている（民420条）。もちろん、民法上も、公序良俗違反（民90条）などによってその効力が否定されることはあるが、公序良俗違反とされるのは、極めて例外的な場合である。

　しかし、消費者契約においては、事業者と消費者との間の情報や交渉力の構造的な格差があり、特に消費者による契約の解除などの場面で、消費者に一方的に不利な損害賠償額予定条項が定められていることもしばしばあった。そこで、消費者保護の観点から、特別法にいくつかの特則が設けられている。まず、消費者契約法9条1号には、過大な損害賠償額予定条項の無効を定めた規定があるが、さらに、特定商取引法49条には、特定継続的役務提供等契約に即した中途解約およびその際の清算に関する具体的なルールが設けられている。

7　特定商取引法に基づく中途解約権

　特定商取引法48条に基づく特定継続的役務提供等契約のクーリング・オフは、法定書面の交付を受けた日から8日を経過した後は、行使することはできない。しかし、特定商取引法49条は、クーリング・オフ期間経過後には、役務提供受領者（消費者）は、将来に向かって契約を解除することができる旨を規定している（一般に、「中途解約」とよばれる）。

　将来に向かって契約を途中で解除できることについては、民法651条にも規定があるが、特定商取引法49条は、いくつかの点でこれと異なる。第1に、特定商取引法49条には、同条が強行規定であることが明記されている（同条7項）。したがって、消費者のこの中途解約権を否定または制限する特約は、一切その効力が認められない。特定継続的役務提供等契約においては、契約期間が長期にわたるため、役務提供受領者の側に転居等の事情の変更が生じて役務提供の受領が困難となることもあること、提供される役務の内容が客観的に明確でなく、効果も確実とはいえないことから、役務提供受領者（消費者）が不測の不利益を被ることがないように、契約を将来に向かって自由に解除することができるとされたのである。

　第2に、特定商取引法49条は、解除する権利を定めるだけではなく（同条1項）、その解除が行われた場合の効果として、事業者が消費者に対して請求できる金額の上限を、強行規定として定めている（同条2項・7項）。これは、役務提供受領者の自由な中途解約権の行使を保障するために、特に定められたものである（具体的には後述8参照）。

　第3に、関連商品の売買がされていた場合には、特定継続的役務提供等契約の中途解約に伴って、関連商品の売買契約の解除を行うこともできるとされ（同条5項）、その場合に事業者が請求できる賠償金等の上限も定められている（同条6項）。

8　特定商取引法に基づく中途解約の場合の清算はどのように行われるのか？

　(1)　**特定商取引法49条2項の趣旨**　　かつては、語学教室などの継続的なサービス提供契約においては、中途解約をする消費者に、解約手数料、違約金、解約損料、損害賠償その他の名目で、金銭支払義務を課す特約が約款等で設けられている場合が少なくなかった。このような特約が無制限に認められるとすれば、消費者に中途解約権を与えても、それが事実上制限され、特

➡12　中途解約
　条文では、中途解約という言葉は用いられていないし、法律用語として定着したものでもない。しかし、継続的な契約において、一方当事者がその自由な意思により将来に向かって契約を解除する場合は、その他の解除と区別するために、一般に中途解約とよばれてきた。そこで、本書でも中途解約という言葉を用いて説明している。

定商取引法が特定継続的役務提供受領者に自由な中途解約権を与えようとした趣旨が没却されることになってしまう。そこで、特定商取引法49条は、消費者の中途解約権を認める（1項）のに加え、この自由な中途解約権の行使を実質的に保障するために、中途解約の場合に事業者が特定継続的役務提供受領者（消費者）に対して請求することのできる金額の上限を定めた（2項・資料❹）。契約で解約手数料等の特約があっても、この定められた上限を超える部分は無効とされる。

(2) **損害賠償額の予定等の上限（清算ルール）**　具体的には、たとえ特約があっても、事業者が請求しうる金額は、以下の①または②の金額に、法定利率による遅延損害金を加算した額が上限とされている。[13]

① サービスの提供開始前に同条に基づく中途解約がされた場合は、「契約の締結および履行のために通常要する費用の額として政令で定められた金額、つまり、1万5000円」（特商法49条2項2号）。

② サービスの提供開始後に中途解約がされた場合は、イ「既に提供されたサービスの対価に相当する額」と、ロ「中途解約により通常生ずる損害の額として政令で定められた金額[14]、つまり、5万円または契約残額の2割相当額のいずれか低い方の額」との合算額（同条2項1号）。

(3) **展開例3の場合**　展開例3の場合は、Aがすでに4回のレッスンを受けているので、②による。つまり、「イ すでに提供された4回分のレッスンの対価相当額である1万6000円（4000円×4）」と「ロ 5万円（展開例3の場合、契約残金〔38万4000円〕の2割は7万6800円なので、これと5万円とを比較すると、5万円の方が低い金額なので、これが基準となる）」とを合算した6万6000円（+遅延損害金）が、B社がAに対して請求することのできる額の上限とされる。したがって、遅延損害金の計算を措けば、Aは、たとえ特約があろうと、40万円からこの6万6000円を差し引いた残額33万4000円の返還を、Bに対して請求することができる。

→13 **契約時単価が基準**
サービス提供開始後に中途解約したときの事業者の請求上限額の計算で（本文②）、「提供されたサービスの対価」は、契約時の単価による。これより高額な解約時単価を定める契約条項は、実質的に損害賠償額の予定または違約金の定めとして機能するので、契約時単価で計算した限度額（特商法49条2項1号）を超えるかぎり無効とされる（最判平成19年4月3日民集61巻3号967頁：NOVA事件判決）。

→14 **政令への委任**
特定商取引法は、その具体的な金額や期間その他の要件の定めを、政令や省令に委ねている場合が多い。これには、社会状況の変化に伴う機動的な対応が可能となるというメリットがある。もっとも、法律をみただけではその内容が把握できないというマイナス面もあるといえよう。中途解約における事業者の請求額の上限については、資料❹を参照。

資料❸ 特定商取引法の定める取引類型とクーリング・オフ期間

取引類型	クーリング・オフ期間
訪問販売（9条）	8日間
通信販売（クーリング・オフなし。ただし、クーリング・オフとは異なる返品権の規定が15条の3）	クーリング・オフはない。返品権として、引渡日から8日間内に原則として申込みの撤回または契約の解除が可能だが、特約により排除または変更されうる。
電話勧誘販売（24条）	8日間
連鎖販売取引（40条）	20日間
特定継続的役務提供（48条）	8日間
業務提供誘引販売取引（58条）	20日間
訪問購入（58条の14）	8日間

※ 左記のほか、効果面でクーリング・オフに準ずる権利として、訪問販売および電話勧誘販売における過量販売解除等の権利（特商法9条の2、24条の2）がある。
ただし、通常のクーリング・オフにおいては、その行使期間が、法定書面の交付を受けた日から起算して8日または20日内とされているのに対し、過量販売解除等の場合は、同条の定める過量の要件を満たした場合に限られ、期間も、契約締結時から1年以内とされている。

資料❹ 特定継続的役務提供の各類型における、中途解約時の損害賠償額等の上限
法定利率による遅延損害金を加算する前の上限額は以下のとおり。

	サービス提供開始前	サービス提供開始後 ※提供されたサービスの対価相当額に、以下の各金額を合算した額
エステティックサロン	2万円	2万円または契約残額の1割相当額のいずれか低い額
美容医療	2万円	5万円または契約残額の2割相当額のいずれか低い額
語学教室	1万5000円	5万円または契約残額の2割相当額のいずれか低い額
家庭教師の派遣	2万円	5万円または1箇月分のサービスの対価相当額のいずれか低い額
学習塾	1万1000円	2万円または1箇月分のサービスの対価相当額のいずれか低い額
パソコン教室	1万5000円	5万円または契約残額の2割相当額のいずれか低い額
結婚相手紹介サービス	3万円	2万円または契約残額の2割相当額のいずれか低い額

注：特定商取引法施行令別表第4により作成

18歳からはじめる民法

6 インターネット通販で靴を買ったら

➡1　未成年者の場合

　Aが18歳未満の場合には未成年者であり、親の同意を得ないで契約をしたときには、取消権を行使することができる（民4条・5条）。ただし、小遣いなどとして親が処分を許した財産によって商品を購入している場合には、この契約についての取消しはできない。また、未成年者（制限行為能力者）が「詐術を用いた」とされる場合も同様である（21条）。ネット取引では、単に未成年者が成年者を装って生年月日（または年齢）を入力したことだけでは「詐術」とはいえず、その判断には、その他の事情を加味した総合的な考慮が必要となる。さらに本書❸を参照。

➡2　事業者

　「事業者」とは、法文では「販売業者または役務提供事業者」と表現され、販売または役務の提供を「業として」、つまり営利の意思をもって反復継続して取引を行う者をいう。取引の主体が個人であっても、上記要件に該当すれば、特定商取引法上の「事業者」として扱われる。

➡3　特定商取引法の人的適用範囲

　特定商取引法は、申込みをした者が事業者である場合には、適用されない（特商法26条1項1号の適用除外規定を参照）。また、インターネット・オークションで個人間取引とされる場合にも同法は適用されない。この意味で、特商法は、実質的に事業者と消費者との間の取引を規律するものとなる（本書❺参照）。

➡4　また、代金の支払についてクレジットカードなどが使われて、数回に分割されて支払われた場合には特別法である割賦販売法が適用される。割賦販売法による規律については、本書❾でふれる。

➡5　消費者契約法や、一般法と特別法の意味については、本書❹および❹➡16を参照。

設例　Aさんは、インターネット上の靴を専門に販売するB社のサイトで茶色のロングブーツを見つけ、価格も2万円と手頃だったので、1足ほしいと考え、ウェブ上の画面の書式に従って24.5センチのサイズのものを注文した。

1　通信販売に適用される法律は？

　スマートフォン（以下、スマホと表記）のような情報端末が一般に広く普及したことにより、インターネット上の取引が日常的に行われている。設例のようなインターネットのサイトやモールを通じた販売方法は急速に広まり、その市場規模は飛躍的に増大している（**資料❶**参照）。私たち消費者は、インターネットを利用することで、直接店舗を訪れることなく、必要な商品を注文し、簡単に自宅まで送付してもらえる。他方で、商品の現物が自分の想定したものかどうかを確認できない場合もあるし、相手がどのような業者であるかを確かめることが難しい場合もある。いずれにせよ、消費者は、取引上の重要な情報についてスマホ等の情報端末の画面上に現れる「表示」だけで判断しなくてはならない。確かに、こうした取引の方法は、消費者にとって利便性の高いものであるが、店舗販売の場合とは異なるリスクもあることも意識しておく必要がある。

　設例のAとB社との間の取引は、まずは民法上の売買契約として成立するが、Bが事業者であるのに対し、Aは、営利の意思をもたない単なる個人（消費者）であることから、特定商取引法が規定する販売形態の1つである「通信販売」に該当し（特定商取引法上の通信販売となるための要件については、35頁のコラム参照）、同法の規定が適用される。また、このA・B間の契約は消費者契約でもあることから、消費者契約法の適用も受ける。さらに、これらの特別法に規定がない事項については、一般法である民法が適用される。つまり、こうした通信販売においては、特定商取引法や消費者契約法の規定のみならず、民法上の契約・売買契約に関する規定もまた適用されることになるのである。

2　注文したのにブーツが届かなかったら？

■展開例1　サイトには、注文後1週間以内にご自宅までお届けするとの表示があったが、1週間待っても返事のメールも来ないし、さらに1週間経ってもブーツも届かなかった。

　（1）契約が成立していない場合　一般的な契約におけるのと同様に、インターネットを利用しての通信販売契約の場合においても、展開例1のよう

にそもそも契約が成立したのかが問題となる場合がある。

　契約が成立するためには、申込みと承諾という2つの意思表示が内容的に合致する必要がある。一般的には、Aがウェブ画面（これはBによる「申込みの誘引」となる）上で注文した行為あるいはB社に対してメールを送る行為が「申込み」に当たり、Bがこれを承諾した旨のメールを送ることで、契約が成立することになる（民522条）。もちろん、Aの申込みに対してBの承諾がされない場合、契約は成立しない。しかし、Bはメールを発信し、承諾をしたつもりであったが、通信回線の不調などの理由で、そのメールがAに到達しなかった場合にはどうであろうか。インターネット上で契約が締結された場合、承諾の意思表示の効力が発生するには、それが到達することが必要となる（到達主義。民97条1項）。

　到達主義の帰結として、B社の担当者がAに承諾のメールを発信したが、Aの受信メールの設定ミスではなく、Bのサーバーの不調などでこのメールがAに送信されていなかったり、プロバイダの迷惑メール対策のブロックでAの受信ボックスに入っていなかった場合には、Bからの承諾の通知がAに到達しなかったと評価され、契約は成立していないことになる。

■展開例2　返事のメールが来たので、代金を前払したが、1週間経ってもB社からブーツが届かなかった。

(2)　約束の期日にブーツが届かないとき　B社からの承諾のメールがAに到達した場合には、契約が成立したことになる。契約が成立した以上、事業者は契約を守り、期日どおりに商品を届けなければならない。Bが履行をしない場合には、Aは、Bに契約したとおりの履行をするように請求することができる。

　事業者が、履行が可能であるにもかかわらず、定められた期日に履行しないことがある。こうした場合を、**履行遅滞**という。これは債務不履行の一場面となる。この場合、Aは、B社に対してブーツを送付するように請求する

➡6　対話者間・隔地者間
　返答に時間的な隔たりのない会話をしている当事者の場合を対話者間といい、契約の申込みを承諾するについて時間がかかる場合には、隔地者間という。インターネット取引も、メール等でのやりとりに時間がかかるような場合は、やはり隔地者間ということになる。

➡7　到達の意義
　到達は、例えば手紙などを相手方が読むことまでは必要なく、相手方の住所の郵便受けなど、相手方がそれを読む可能性がある場所に届けばそれで良いとされる。

➡8　債務不履行の類型
　債務不履行の類型については、本書❸➡3参照。

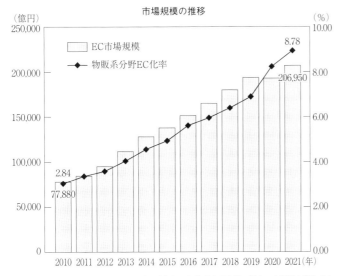

資料❶　消費者向け電子商取引（BtoC EC）の市場規模の推移（2021年）

市場規模の推移

分野別にみた電子商取引内訳	
業　種	億円
物販系分野	**132,865**
食品、飲料、酒類	25,199
生活家電、AV機器、PC・周辺機器等	24,584
書籍、映像・音楽ソフト	17,518
化粧品、医薬品	8,552
生活雑貨、家具、インテリア	22,752
衣類・服装雑貨等	24,279
自動車、自動二輪車、パーツ等	3,016
その他	6,964
サービス系分野	**46,424**
旅行サービス	14,003
飲食サービス	4,938
チケット販売	3,210
金融サービス	7,122
理美容サービス	5,959
フードデリバリーサービス	4,794
その他（医療、保険、住居関連、教育等）	6,398
デジタル系分野	**27,661**
電子出版（電子書籍・電子雑誌）	5,676
有料音楽配信	895
有料動画配信	3,791
オンラインゲーム	16,127
その他	1,171
合　計	206,950

（経済産業省商務情報政策局情報経済課「令和3年度電子商取引に関する市場調査報告書」2022年8月より作成）

ことができる（履行請求）。BがAの履行請求に応じない場合には、Aは一定の期間を定めて履行するように催告し、その期間内にBが履行しないなら契約を解除することができる（民541条）。契約を解除すれば、Aは、契約から解放され、代金を支払う義務から解放される。また、すでに代金を支払っていればその受領の時からの利息とともに返してもらうことができる（原状回復請求。民545条1項・2項）。

通信販売では、すでに代金を前払しているのに、結局、商品が送られてこなかった、振り込んだお金を返してもらえないといった被害がよく報告されている。通信販売の場合、事業者との連絡手段は電話やメールになることが多く、相手方と連絡がとれなくなって、事業者の履行を確保できなくなるリスクがある。民法には、相手が履行するまで自分も履行しないことを認める同時履行の抗弁権という規定（民533条）がある。代引きの決済はこれに当たる。事業者が作成する約款などで、こうした消費者の権利を一方的に奪う振り込みなどによる前払方式による決済方法しか提示されていない場合には、消費者はそのリスクに十分な注意を払う必要がある。

3　注文したのとは違うブーツが届いたとき

自分が想定していたのとは違う物が送られてきたと一口で言っても、いろいろなパターンがある。Aの言い分もその態様によって異なってくる可能性がある。以下では、いくつか場合分けをしながら検討することにしよう。

> ■展開例3　Aさんが注文したのは、24.5センチのはずだったが、届けられたのは23.5センチのブーツだった。

（1）**Aがサイズを間違って注文していたとき——錯誤（民95条）**　ウェブ上の画面の操作で間違った数字を入れたり、プルダウンメニューで間違った数字を入れてしまったりすることはよくある。本来、24.5センチの靴を注文しようとして誤って、23.5センチと注文してしまったらどうなるだろうか。サイズ指定の間違いである。自分の考えたサイズと入力されたサイズとが異なってしまい、その結果入力されたサイズのブーツが送られてきたような場合には、錯誤を主張し、契約の効力を否定する可能性がある。

この場合、Aは24.5センチのブーツを買うという意思をもっていたが、操作を誤って、23.5センチと表示してしまい、その結果として、A（表意者という）の本来の意思の内容が相手に伝達されなかったことになる。つまり、意思と表示の不一致を表意者が知らないでした意思表示として表示の錯誤とよばれる。そして、錯誤が法律行為の目的や社会通念に照らして重要なものであると判断されれば、Aは民法95条1項1号の錯誤を主張し、売買契約の取消しを主張することができる。錯誤が重要なものとなるのは、当該の表意者において錯誤がなかったとしたらそうした意思表示をしなかったであろうし（主観的因果性）、かつ通常人もそうだったであろうとされる場合（客観的重要性）である。自分の靴を注文する場合であれば、Aも通常人も特別な事情がなければ自分のサイズとは違うサイズの注文をしないであろうから、錯誤の重要性の要件を満たすことになる。しかし、表意者であるAにこのような意思表示をしたことについて重過失がある場合には、錯誤の主張が封じられる可能性がある（民95条3項）。

➡9　民法95条（錯誤）
民法95条1項は、①「意思表示に対応する意思を欠く錯誤」（表示の錯誤。同項1号）と、②「表意者が法律行為の基礎とした事情についてその認識が事実に反する錯誤」（基礎事情の錯誤。同項2号）の2つの錯誤類型を定めている。①の錯誤については、「その錯誤が法律行為の目的及び取引上の社会通念に照らして重要なものである」という要件（錯誤の重要性）が満たされるときに、また、②の錯誤については、この錯誤の重要性要件に加えて「その事情が法律行為の基礎とされていることが表示されていたとき」という要件が充足されるときに（95条2項）、錯誤による意思表示の取消しが認められている。

➡10　通信販売における消費者取消権の導入
2021年特商法改正で通信販売取引においても取消権が規定された。もっとも、この特商法上の取消権は、事業者の提供する様式での書面やパソコン等の映像面の表示に依拠して消費者が申込みをする場合（「特定申込み」という）に限定されている。「特定申込み」においては、事業者が主導して定型的な形式で消費者に申込みをさせる場合において消費者への情報提供を確実にし、その誤認を防止することが求められた。広告において商品の分量、申込期間、返品権等の表示が義務づけられ（特商法12条の6第1項）、これに関して誤認を生じさせる表示も禁止された（同第2項）。特商法は、事業者が上記の表示義務に関する規定（12条の6）に違反して表示をした場合、または一定の表示をしなかった場合に、その民事効として、消費者が誤認して、「特定申込み」の意思表示をしたときには、消費者は契約を取消すことができるとした（15条の4第1項、第2項参照）。

この問題について、電子消費者契約法3条[11]は、電子的な手段を利用して契約する場合にこうした錯誤が生じやすいことを考慮し、表意者が錯誤による意思表示をしたことについて重過失がある場合の錯誤主張の可否に関する具体的な規定を置いている。それによれば、消費者が申込みをする意思がない場合やそれとは異なる内容の意思をもつ場合には、原則として、民法95条3項の規定の適用が排除され、錯誤を理由に契約の取消しを主張できる。しかし、例外として、事業者が、ウェブ上の画面で、消費者の申込みもしくはその承諾の意思表示を行う意思の有無について確認を求める措置を講じた場合や、消費者から当該措置を講ずる必要がない旨の意思の表明があった場合は、同条3項の適用が認められ、消費者からの錯誤の主張が封じられる[12]。しかしながら、いくら確認画面があったとしても、消費者が誤認したり、誤操作したりする可能性は否定できず、消費者取引において錯誤規定の適用を排除することには慎重であるべきであろう。立法論[13]となるが、このような場合、消費者に送付費用などの原状回復のための一定の費用を負担させるなどの責任を課しつつ、錯誤の主張を認めるような規定があってもよいのではなかろうか。

■展開例4　注文したのはロングブーツだったが、ショートブーツが届いた。

（2）事業者が、注文とは違う商品を送付してきたとき　B社はショートブーツではなく、注文の品であるロングブーツを引き渡す義務を負うことになる。注文した商品と違う商品を届けたとしてもBは債務を履行したことにはならない。こうした場合も債務不履行となる（民415条）。Aは、Bに対してロングブーツと交換するように請求することができる（追完請求としての代替物請求。562条参照）。また、例えば、ブーツの皮に大きな目立つキズがあったり、ヒールの部分の接着が不完全であったりすれば、修補またはきずのない物との交換を請求することもできる。こうしたことが認められる理由は、合意によって定められた内容を履行するという契約そのものにある。業者は、契約に従った履行をする義務を負い、消費者はその履行を請求する権利をも

→11　電子消費者契約法
　正式名称は、電子消費者契約に関する民法の特例に関する法律（平成13年法律95号）という。同3条は、次のように定める。
　民法第95条3項の規定は、消費者が行う電子消費者契約の申込み又はその承諾の意思表示について、その意思表示が同条第1項第1号に掲げる錯誤に基づくものであって、その錯誤が法律行為の目的及び取引上の社会通念に照らして重要なものであり、かつ、次のいずれか〔注：本文を参照〕に該当するときは、適用しない。（以下略）

→12　行政規則
　こうした消費者の権利の制限は、事業者にとって当該措置を講ずるためのインセンティブとして利用される。他方で、これに関して行政上の規定も置かれている。事業者がインターネット通販において、例えば、①あるボタンをクリックすれば、それが有料の申込みとなることを、消費者が容易に認識できるように表示していない場合や、②申込みをする際に、消費者が申込み内容を容易に確認し、かつ、訂正できるように措置していない場合には、「顧客の意に反して売買契約等の申込みをさせようとする行為」に該当することになる。こうした行為は、禁止されており、行政処分の対象となる（特商法14条）。

→13　立法論
　ある見解の提示が具体的な規定の解釈としては難しいことを認めつつ、改正立法をするときの提言として適切な解決方法を主張する場合によく使われる。

🔵 特定商取引法における通信販売と近時のオンラインプラットフォーム取引の展開

　通信販売とは、一般的にいえば、消費者が、事業者による宣伝、例えば、新聞、雑誌、テレビ、インターネット上のホームページ（インターネット・オークションサイトを含む）などの広告や、ダイレクトメール、ちらしなどを見て、郵便、電話、ファクシミリ、インターネットのウェブページ、電子メールなど*で購入の申込みを行う形の取引方法のことである。

　特定商取引法の適用を受ける通信販売となるには、「事業者」が、①「郵便等」の一定の通信手段によって購入者の申込みを受け付けること、および、②商品もしくは特定権利の販売または役務の提供であること、という2つの要件を満たす必要がある（特商法2条2項）。なお、電話による勧誘販売の場合は、別途規制されている（同条3項）。

　デジタル経済の時代を迎え、スマホの普及とともに、アマゾンや楽天などいわゆるオンライン・プラットフォーム運営事業者（以下、PF）がインターネット上で、個別の事業者が店舗を出すモールを運営し、商品等を販売する形態が発展している。こうした販売形態においても消費者被害が生じているが、この場合、PFがどのような責任を負うのか、またPFが提供するいわゆるフリマアプリなどを通じて展開される私人間取引（CtoC：消費者対消費者）にも特商法を適用できるかなどが議論されている。消費者委員会の専門調査会でオンライン・プラットフォーム取引に関する問題が取り上げられた。2021年4月に、取引デジタルプラットフォーム消費者保護法が成立し、プラットフォーム事業者に対して、販売事業者の情報を開示する義務等が課された（https://www.cao.go.jp/consumer/ を参照）。

＊　「郵便等」に該当するには、①郵便または信書便、②電話機、ファクシミリ装置その他の通信機器または情報処理の用に供する機器を利用する方法、③電報、④預金または貯金の口座に対する払込み、のいずれかであればよい（特商法施行規則2条参照）。

つからである。

消費者は、このような債務不履行に基づいて一定の場合には解除権を行使することができる（民541条・542条・564条）。この解除制度と、通信販売でよくみられる返品制度とでは、その法的な根拠が異なることに注意してほしい（後述5参照）。

4　ブーツを返品したいとき(1)──債務不履行となるか

■展開例5　サイトの写真では明るい茶色にみえたのに、実際に届いたのは赤に近い色だった。現物と写真の色とが違うので、気に入らない。

スマホの画面で表示された広告の写真と現物の色や形が違った印象で捉えられることも少なくない。事業者が掲載していた写真とは違う商品を送付したことが明白であれば、契約違反（債務不履行）ということになり、本来の履行請求や契約の解除が可能となる（前述3(2)参照）。ネット上に掲載された写真と、実際に送付された現物との色の具合が違うといった事情は、スマホの液晶の表示能力など技術的な問題や、当事者の主観や感性に関わるところもあり、争いの種となりやすい。返品制度が機能する場面でもある。

5　ブーツを返品したいとき(2)──返品制度と消費者保護

■展開例6　注文したとおりのサイズのブーツが届けられたので、Aさんが試し履きしてみたところ、きつくて歩くと足の小指がかなり痛い。これでは日常的に履くことができない。注文したサイズより大きなサイズはカタログ上用意されていないようなので、現物を返品したい。

（1）**サイズがあわないとき**　サイズは正しく注文したが、自分の足に合わなかったらどうなるのだろうか。通信販売の場合、現物を確認したり、試したりするのは購入してからであって、その前には、そうした機会が与えられていない点を考慮する必要がある。事業者には落ち度はないが、消費者にとっては、特定の商品、とりわけ靴や本件のブーツのような場合には、購入に際して試し履きの機会をもつことが必要であろう。しかし、こうした機会が常に制度的に保障されているわけではない（後述参照）。

（2）**特定商取引法の規律**　特定商取引法は、次のような規制を置いている。事業者が返品ができないことについて広告（ホームページなど）に何も書いていなかったら、その売買契約に係る商品の引渡しまたは特定権利の移転[14]を受けた日から起算して8日を経過するまでの間は、消費者は、その売買契約の申込みの撤回またはその売買契約の解除を行うことができることになった（特商法15条の3第1項）。つまり、広告において返品制度がないことを明確に表示するように求め（同法11条1項4号）、これを特約として表示しないかぎり、事業者が返品制度を設けているものとして扱う規定（任意規定としての返品制度。同法15条の3第1項ただし書参照）を置いたのである。[15]

（3）**返品制度の意味**　展開例6のように実際に靴のサイズが自分の足にあっているかどうかなどは現物を試してみないとわからない。返品できないのであれば、こうした通信販売には、当該消費者にとって「使えない商品」を購入する危険が構造的に存在することになる。そうだとすると、例外的な場合を除いて、通信販売取引の場合にも、一定期間、理由の如何を問わずに

➡14　**指定商品制の廃止と例外**
特定商取引法が適用される対象は以前は政令で「指定」された商品・役務・権利であったが、2008年の改正で前二者について指定制が廃止され、原則として取引の対象を問わず本法が広く適用されることになった。2016年の改正により、規制の潜脱を防ぐため「指定権利」制を廃して、「役務」概念を拡張した。また、「役務」と位置付けることができない未公開株や社債等を「特定権利」としこれらにも規制を及ぼした。

➡15　**返品費用の負担**
返品制度を利用した場合の商品の引取りまたは返還に要する費用は、購入者の負担となる（特商法15条の3第2項）。この点でも、訪問販売などにおいて認められている一般的な強行規定としてのクーリング・オフとは異なる。なお、クーリング・オフの権利については、本書❺参照。

返品を認めることが合理的であるとする見方も成り立ちうる。通信販売にクーリング・オフの定めがないのは、通信販売なら消費者は冷静に購入決定ができるのであって、訪問販売のような不意打ちや強制の危険がないと考えられてきたからである。

　しかしながら、多くの通信販売事業者が、約款などでそうした返品制度を設けて顧客に誠実に対応している。業界団体も10日間ほどの返品期間を設けることを推奨している。返品制度は、事業者にとって一方的に不利となるものではない。上述した債務不履行や錯誤などいくつかのケースも含めて、事業者にとって、返品制度を短期間で消費者との紛争を解消する手段として利用し、紛争コストを低減できる可能性もある。また、返品制度を用意する事業者は、その取引への消費者の信頼を高めることができる。

　現状では、返品制度を設けていない業者も存在しており、消費者は個別の購入決定の場面で事後のクレーム処理の条件も含めて事業者を選択することが求められている（もっとも、消費者が冷静にそうした判断ができるかどうかは疑わしい）。➡16

　(4)　**返品拒絶の特約**　事業者が返品についての特約を広告等で示せば、それがすべて有効となるわけではない。例えば、いったん行われた注文はいかなる理由でもキャンセルできませんとの条項については、それが売主の履行責任や担保責任を全面的に排除するような趣旨であったり、消費者にとって一方的に不利な条項であったりすれば、消費者契約法に照らして無効と判断される（消費者契約法8条、8条の2、さらに10条）。

　(5)　**国境を越えた取引のリスク**　外国のサイトから商品を購入した場合にトラブルが生じると、外国語での交渉が必要となるかもしれない。また、その事業者が日本に営業所をもたない場合には訴えることも容易ではない。商品が届かないうちに、代金の先払を要求されて振り込んでしまうと、その取戻しは困難となる。消費者保護のための代金決済の安全性の確保は大きな課題であるが、現在のところは、国境を越えたインターネット取引にはそうしたリスクがあることを十分に認識しておかなければならない。

➡16　**返品制度の強行規定化**
　例えば、消費者が価格だけを重視する場合、返品制度を設けずにこうした商品の欠陥の発生に伴うコストを消費者に一方的に転嫁しようとする業者を選択してしまうこともあろう。こうした消費者の判断は合理的であろうか。トラブルが全く発生しないのであれば合理的であるが、商品の欠陥の発生について一定の可能性がある以上、現実はそうではない。安い値段につられるという消費者の弱みにつけ込み、消費者に現物を確かめ、返品する権利を放棄させることは事業者にとってそれほど難しいことではない。他方で、誠実な事業者は、そうした「悪徳」事業者に顧客を奪われる不利益を被ることになる。このような事態を避けるためには特定の場面において返品制度を強行規定として定めて、当該市場の基本的ルールとして確立することが望ましいと考えられる。

資料❷　通信販売に関する特定商取引法上の規制の概要

種　類	目　的	規制の概要　（通信販売取引に関する条文のみ）
定　義		販売形態（2条）
行政的規制	取引の公正 消費者被害の予防	広告の表示（11条・同施行規則8条）（一部のみ） 　①販売価格（役務の対価、送料の表示）、代金（対価）の支払時期、方法、商品の引渡時期（権利の移転時期、役務の提供時期） 　②商品の引渡し（権利の移転）後におけるその引取り（返還）についての特約に関する事項（その特約がない場合にはその旨） 　③事業者（代表者）の氏名（名称）、住所、電話番号 　④販売価格、送料等以外に購入者等が負担すべき金銭があるときは、その内容およびその額 　⑤商品に隠れた瑕疵がある場合に、販売業者の責任についての定めがあるときは、その内容 誇大広告等の禁止（12条） 承諾をしていない者に対するファクシミリ広告の提供の禁止（12条の5） 前払式通信販売の承諾等の通知（13条） 顧客の意に反して契約の申込みをさせようとする行為の禁止（14条） 違反行為に対するなどの行政処分 　業務改善指示（14条）、業務停止命令（15条の2） 苦情処理機関についての規制（通信販売協会、30条以下）
民事的規制	消費者被害の救済	返品制度の不存在を表示しなかった場合（通信販売における契約の解除等、15条の3）
刑事的規制	違反事業者への制裁	誇大広告禁止違反・指示違反等に関する罰則（71条） 禁止行為違反・業務停止命令違反等に関する罰則（70条）

友人に貸した自転車を取り戻したい

> **設例** Aさんは、2年先輩の友人のBさん（21歳）に自転車を貸したが、なかなか返してくれない。今日、自転車が必要になったのに、Bさんは帰省中で連絡が取れない。自転車は近くに住むBさんのアパートの屋内駐輪場に置いてある。だまって持ちかえって良いだろうか。

1　貸した相手から取り戻すには？

(1)　**権利行使でも犯罪となるかも**　Aは、「貸した自転車は自分の物だから、Bのアパートから持ってかえってかまわないはずだ」と考えるかもしれない。けれども、それでは犯罪者になってしまうかもしれない！物を手元に置くなどして現に支配していることを民法では「**占有**」とよび、設例のように一時的に留守にしていても、屋内駐輪場が設置されたアパートの住民であるBの支配が自転車にも及んでいるとみられ、やはりBには占有があるとされる。占有が認められると、いろいろな保護が与えられる。保護は、占有を奪った人に対してそれを返せとか損害を賠償しろと求めるなどの民法上のものにとどまらない。刑法の窃盗罪（刑法235条）の「財物を窃取した」というのは、他人の占有を奪ったことを指すと解され、何の権利もない人が奪った場合はもちろん、所有者Aが取り戻したのであっても、Bの同意を得ずに自転車の占有を奪うと窃盗罪が成立する。それどころか、窃盗の目的で屋内駐輪場に入れば、住居侵入罪（刑法130条）に問われうる。警察官でなくても、現行犯は誰でも逮捕できる（刑事訴訟法213条）から、駐輪場に忍び込んだAは、アパートの住人に逮捕されて、警察に連れて行かれるかもしれない。

(2)　**自力救済は原則禁止**　Aは、「自分の権利を行使して何が悪い」と納得できないだろう。けれども、Bにも、例えば「その自転車はAからもらったものだ」とか「確かにその自転車はAから借りたものだが、壊れた時の修理代を立て替えているから、自転車を返すのは修理代と引換えにしてほしい」という主張があるかもしれない。自分には権利があるという一方的な言い分だけに基づいて権利の行使を許せば、力の強い自称権利者の不当な実力行使が横行して平和な秩序が保てなくなってしまう。

そのため、相手方が争うときには、主張どおりの権利があるかどうかを、証拠に基づいて、公正中立な裁判官に判断してもらう必要がある。さらに、仮に自分の言い分が認められてこの裁判に勝っても、なお相手方が従わないときには、権利の実現も、裁判所の力を借りて行わなければならない。この設例では、Aは、Bに自転車を返せと命じる判決を得て、それでもBが自転車を返さなければ、裁判所の職員である執行官がBから自転車を取り上げAに渡す、という引渡しの直接強制による（民414条1項、民事執行法169条）。

➡1　民法上の占有保護

占有については、民法は180条以下でまとまったルールを置いている。占有に対する保護にはいろいろなものがあるが、設例のように占有者が占有を奪われたり妨害された場合には、197条以下の占有の訴えができる。

占有は所有権とは独立して保護される。

➡2　刑事罰

窃盗罪には10年以下の拘禁刑または50万円以下の罰金、住居侵入罪には3年以下の拘禁刑または10万円以下の罰金が科せられる。両方とも有罪だと、最長15年の拘禁刑になる（刑法47条）。

➡3　贈与契約による所有権取得の主張

自転車はAから借りたのではなく、タダでもらってすでに自分の物になっている（民549条・176条）という主張である。

➡4　留置権の主張

パンク修理程度はBの負担となる（民595条1項）。しかし、修理代が借りた物を維持・管理するのに通常必要となる費用の額を超えれば、BはAにその額を返せと請求でき（同条2項から583条2項を経て196条1項）、修理代を返してもらうまで自転車を返さなくてよい（民295条1項）。これは留置権という権利の主張である。

こうした公式の司法手続によらずに権利を実現することを自力救済とよぶ。自力救済は、平和な秩序を守るため原則として禁止されており、すでに述べたように犯罪にすらなりうる。自力救済が例外的に許されるのは、目の前で盗人が物を奪って逃げた場合に追いかけて取り戻すというように、公式の手続による余裕がない緊急の場面において、やむをえない必要最小限の方法に限られる（盗人をバットでなぐるのは普通はやりすぎだからダメ）。設例では、自力救済が認められるような特別な事情はない。

（3）**契約に基づく返還請求ができる**　したがって、Aは、まずは、貸した自転車を返すようBに求め、もし素直にBが応じてくれなければ、公式の司法手続として、訴訟を起こす必要がある。

A・B間の関係は、タダで貸したのなら**使用貸借契約**（民593条以下）、使用の対価である賃料を取っていれば賃貸借契約（民601条以下、本書❿参照）となる。タイプが異なると、契約を終わらせるルールも違ってくる。この設例のように友人間の貸し借りであれば、普通は賃料を取ったりしないから、使用貸借契約であろう。そうだとすると、Aは、使用貸借契約に基づいて、Bに自転車を返せという**債権**をもっており、その権利の実現を請求できる。

（4）**いつから返せと言えるか**　いつから返せと言えるかは、物を貸し借りする使用貸借契約が、いつ終わるかということでもある。この点に関して民法が用意しているルールは、次のとおり少し複雑である。それは、民法が、対立する契約の両当事者の利害を細かく調整しているからである（以下の説明を民法の条文と照らし合わせて読んでみよう）。

① 返す時期を何月何日までと決めていれば、その日からAは自転車を返せと言えるが、それまでは言えない（民597条1項）。
② 返す時期を決めていなかった場合でも、例えばBがサイクリングに出かけるためとか、引っ越しのためとか、契約で貸す目的を決めていれば、サイクリングや引っ越しが終わって目的が達成された時から自転車を返せと言える（同条2項）。
③ また、②のように貸す目的を決めていた場合、サイクリングや引っ越しをする

➡5　有償契約と無償契約
　代金や報酬など対価を払うタイプの契約を有償契約、対価を払わないタイプの契約を無償契約という。

➡6　債　権
　債権とは、人に対して一定の行為を求める権利である。契約どおりに約束の実現を求める契約上の権利が債権の典型であるが、不法行為を理由とする損害賠償債権など契約以外から発生する債権もある。

盗品と遺失物の特別ルール

　本文の展開例では適用されないが、即時取得には、さらに次のような特別な例外ルールが用意されている。

　(1)　被害者や遺失主は2年間は取り戻せる
　物の占有を失ったことが自らの意思に基づかない盗難や落とし物・忘れ物の場合、権利者には帰責性が乏しい。そのため、たとえ善意・無過失で保護に値する買主が登場しても、盗難の被害者や遺失主は、盗難または遺失の時から2年間、物の回復を請求することができる（民193条）。2年間経過後は、この特別ルールが当てはまらないので、本文の2で述べたとおりになる。

　(2)　買主の信頼は買った代金の限度で保護されうる
　民法は、さらに、物を取り戻されてしまう占有者の信頼にも配慮している。すなわち、占有者が、盗品や遺失物をそうとは知らずに、競売や公の市場で買ったり、その物と同種の物を販売する商人から購入した場合には、占有者は、売主に支払った代金と同額を払ってもらうまで物を返さないという主張ができる（民194条）。こうしたタイプの取引については買主の信頼を保護する必要性が高いから、権利者に帰責性がないため所有権取得までは認められないとしても、買主は、払った代金額を取り戻す限度で保護されるのである。

のに十分な期間が過ぎれば、Bが実際にはサイクリングや引っ越しをまだしていなくても、契約を解除して、やはり自転車を返せと言える（民598条1項）。

④　返還時期も貸す目的も決めていなかったとすれば、Aは、いつでも契約を解除して自転車を返せと言える（同条2項）。

2　貸した相手方でない者から取り返すには？

■展開例1　Bさんが、友人のCさんに自転車を自分のものだと言って1000円で売って引き渡したとすると、AさんはCさんから自転車を取り返せるだろうか。

（1）**所有権に基づいて返せという主張が考えられる**　Aは自転車の所有者であり、自分の思うとおり自由にその自転車の使用・収益・処分をすることができる（民206条）。しかも、所有権は、最も重要で典型的な物権であり、誰に対してもその実現を妨げないように主張できる。これを**物権の絶対効**とよぶ。この展開例1では、Aは、Bに対してもCに対しても、自転車の所有権を主張できるのである。

Aは、自分の意思で自転車をBに貸したので、所有権を理由としても自分が結んだ契約にしばられてBにはすぐに返せとは言えない。しかし、AとCとの間には契約関係はないから、Aは所有権の効力として、Cに対して、自転車の占有を返せと請求することができる。所有権を代表とする物権について、その円満な実現を保障するこのような権利は**物権的請求権**とよばれている。民法には物権的請求権を明確に定める規定がないので、その根拠についてはいろいろな考え方があるが、自分の物を返せという返還請求が所有者に認められることには争いがない。

（2）**契約は契約当事者以外をしばれない**　CはAが自転車を貸した相手ではないので、Aは、Cに対しては、Bに対するように「自転車を返す約束を守れ」とは言えない。このように、契約（したがって、そこから生じる債権）には、物権の絶対効と対比して**相対効**しかなく、約束した本人である債務者以外にはその約束の実現を求めることはできない（契約の相対効、債権の相対効）。

また、Cは、Bを所有者だと思ってBから自転車を買い（これは本書❸や❹で学んだ売買契約である）、Bに1000円を支払っている。しかし、Aは、自分の関与していないB・C間の売買契約にしばられる理由がない。他人が勝手に結んだ契約によって所有権が失われるようでは、安心していられないからである。この点からも、契約や債権には相対効しかないことが理解できよう。このように、いずれも財産を対象とする権利ではあるが、物権と債権は対照的な性質をもっている。そこで、民法は、財産法のルールを、大きく物権編と債権編に分けて整理する組み立て方を採用している。

（3）**無権利者からは権利は取得できない**　所有権の移転は、例えればバトンリレーのようなもので、前の所有者から次の所有者に権利が引き継がれていく。これを**権利の承継取得**という。リレー走者がバトンを引き継ぐ形を取っても実際に前のランナーがバトンを持っていなければ、後のランナーはバトンを得られない。それと同じように、B・C間で売買契約が結ばれてBがCに所有権を移転すると約束しても、Bが所有者でなければ、Cが所有権を得ることはできない。

このように、物権の絶対効、債権の相対効および権利の承継取得という考

➡7　物　権
　物を直接、排他的に支配できる権利を物権とよぶ。所有権がその典型であるが、他人の土地を利用する地上権や、借金が返してもらえないときに他人の土地や建物を強制的に売却してその売上金から優先的に債権を回収する抵当権（本書⓫で説明がある）なども物権である。物権は、内容を契約で自由に決められる債権と違って、種類や内容が法律で定められている（民175条。**物権法定主義**）。

➡8　3種の物権的請求権
　本文のような返還請求権のほか、例えば無断駐車で駐車場が使えない場合に妨害をやめろと請求する妨害排除請求権、隣地の石垣がこちらに崩れてきそうになっているときに、崩れ落ちないような処置を求める妨害予防請求権がある。

➡9　パンデクテン体系
　パンデクテン体系については、本書⓰95〜97頁を参照。

え方から、無権利者からは権利を取得できないという結論が導かれる。同じ意味をもつ「何人も自己の有する以上の権利を他人に与えることはできない」とか「無から有は生じない」という法諺（法律上のことわざ・格言）は、2000年以上も前のローマ法ですでに認められていた原則であり、今日でも民法の基本原則の1つと理解されている。

（4）**信じる者は救われる？──例外としての即時取得**　　しかし、所有者でない者から購入する契約をした買主は所有者となれない、という原則を貫くと、安心して物を買うことができなくなってしまう。この結論は物の売買契約を取引の中心に据えている経済社会にとって望ましくない。そのため、**即時取得**[10]（善意取得という別名の方がイメージは浮かびやすい）という例外ルールが設けられている（民192条）。[11]

同条によると、契約に基づいて穏やかに（平穏）、またこそこそ隠れてではなくおおっぴらに（公然）、買った物の引渡しを受け、その物を占有した買主は、売主が買った物の所有者であると信じ、普通の人ならそう信じたこともやむをえない（これを**善意・無過失**という）場合には、売主に所有権がなかったとしても、その物の所有者となれるのである。[12]

しかも、契約に基づいて物の引渡しを受け、占有を得た場合には、善意・無過失・平穏・公然であるとの推定が働く（民186条・188条）。したがって、所有権に基づく返還請求に対して、占有者が即時取得を主張し、有効な契約によって占有を取得したことを証明できた場合には、即時取得が成り立たないと争って物の返還を求める者が、この推定をひっくり返す事実を証明しなければならない。具体的には、占有者が占有取得時に**悪意**であったこと（売主に所有権がないことを知っていたこと）か、**過失**があったこと（調査不足などでうかつに信じたこと）を証明しなければならないのである。売主に所有権がないと知ってあえて買い受ける場合は少ないので、普通は、占有者の過失の有無が争点となる。

（5）**即時取得の根拠は信頼＋帰責性**　　もっとも、即時取得制度が例外的

➡10 即時取得という名前
　10年あるいは20年の長期間権利者らしく占有していると、実際には権利者でなくても権利が取得できるとする制度を時効取得という。即時取得は、この時効取得から派生し、時間の経過なく即時に権利が取得できるとされた。民法162条2項と192条が非常に似ているのは（➡11で確認してください）、こうした歴史が背景にある。

➡11 民法162条2項・192条
　162条2項　10年間、所有の意思をもって、平穏に、かつ、公然と他人の物を占有した者は、その占有の開始の時に、善意であり、かつ、過失がなかったときは、その所有権を取得する。
　192条　取引行為によって、平穏に、かつ、公然と動産の占有を始めた者は、善意であり、かつ、過失がないときは、即時にその動産について行使する権利を取得する。

➡12 権利の原始取得
　承継取得が認められない場合に、例外的に法律の規定により権利を取得する場合を、**原始取得**という。

・・・

資料❶　関係図

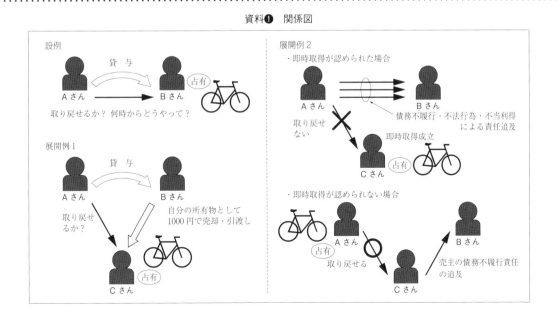

に権利取得を認めた根拠は、売主が所有者であるという買主の正当な信頼が保護に値するというだけではない。権利を失う者にそのような不利益を受けてもやむをえない理由（帰責性とよんでいる）があることも必要である。すなわち、契約の相手方に物を貸したり預けたりして、その物の占有を自らの意思で移転したところ、契約の相手方がその物を勝手に売却してしまったとしよう。こうした場合に受けた不利益は、自分が信頼して選んだ契約相手方の債務不履行責任を追及することで回復を図るべきであり、全く契約に関係のない人にその不利益を転嫁することは許されない、と考えられている。言い換えると、正当な信頼プラス帰責性があってようやく即時取得が可能となるのである。➡13 39頁のコラムで紹介している盗品と遺失物の特別ルールにおいても、帰責性と信頼のバランスの取り方に巧みな工夫がされている。

　(6)　**Aが自転車を取り戻せるかは微妙**　今回の展開例1に当てはめると、Aは、売主のBがその自転車の所有者ではなかったことをCが知っていたこと（Cの悪意）、または、知らなかったとしてもうかつであったこと（善意のCの過失）を証明しないと、自転車の返還を求めることができない。その請求が認められるかどうかは、展開例1の事実だけでは断定できない。自転車にA名義の防犯登録がしてあったり、売買代金が中古自転車の時価に比べて不合理に安いときには、Bが所有者であることを疑わせる事情があり、普通の人ならするべき調査をしていないと、Cには義務違反があったとして過失が認められやすい。1000円が不合理に安いかどうかの判断は、売られた自転車の状態（古いとか壊れていると安い）、BとCの人間関係（友人関係では安くても不自然ではない）などによって変わってくる。

3　最終的な責任のとらせ方

■展開例2　展開例1のAさんとCさんの争いがどちらかの勝ちで決着した場合、その後のBさんとの法律関係はどうなるのか。

　(1)　**即時取得が認められた場合、AはBに責任を問う**　Cに即時取得が認められた場合には、Aは所有権を失い、Cから自転車を取り戻すことができなくなる。そして、このような結果は、Bが自転車を自分の物としてCに売ったことが原因である。Bには、Aから借りた物を返せなくしてしまった契約違反の責任がある。Aは、Bの債務不履行を理由として、例えば、代わりの自転車を買った際に支払った代金額や、自転車が使えなくてレンタサイクルを借りたレンタル料などを、損害として、その賠償を求めることができる（民415条・416条。債務不履行に基づく損害賠償については、本書❸〜❻を思い出して欲しい）。

　また、Bには、Aの所有権を侵害した不法行為責任も成り立つ（民709条）。不法行為の効果も、債務不履行の効果と同様に、損害の賠償を求める債権の発生である（不法行為については、本書❶❷を思い出して欲しい）。

　さらに、Bに故意も過失もない場合であっても、自転車の売却代金1000円は、本来はその所有者であったAにしか得られないものであり、Bが1000円を得る法律上の原因（Bの所有権）はない。そのため、自転車の本来の所有者であったAには、自転車に代わる1000円の返還をBに対して求める権利がある（民703条）。これを不当利得返還請求権という。

このように同一の事実に基づいて複数の債権が発生する場合がある（41頁の資料❶の右上の図を参照）。こうした場合の各債権の関係をどう理解するかという問題（**請求権競合**問題という）については、いろいろな考え方があるが、裁判所の見解によれば、Aはどの権利を主張してもよい。もっとも、このような考え方を採用したとしても、Aは、二重・三重に賠償などを得られるわけではない。例えば債務不履行を理由とした損害賠償債権が認められて、実際にBがAに賠償すれば、もはやAには損害も損失もなくなり、重ねて不法行為を理由とする損害賠償請求や不当利得返還請求をすることはできなくなる。

(2) 即時取得が認められない場合、CがBの責任を問う　例えばCに悪意や過失があると、即時取得が認められず、Aは自転車を取り戻すことができ、Cは自転車の所有権を得られない。この場合、売主のBは、他人の物を売って、Cとの売買契約で約束した自転車の所有権の移転ができなかったから、債務不履行責任を負う（民561条・415条）。すなわち、Bは、Cに生じた損害を賠償しなければならない。CはBとの売買契約を解除して、支払った1000円を取り戻すこともできる（民561条・民542条1項1号。41頁の資料❶の右下の図を参照）。

(3) 物の所有権が争われる理由　(1)(2)からわかるように、民法は、事件の究極的な責任者に、最後は責任をとらせるしくみを用意している。しかし、最終的に責任を負担するべき者（この事例ではB）に損害賠償責任を果たすだけの財産がない場合、人身の自由を人権として保障する近代以降の法は、債務を弁済できないことを犯罪とはしない。債務の分だけ強制的に働かせる債務奴隷という制度も認められていない。債務者に財産がなければ、債権は絵に描いた餅になる。損害を受けるのを避けるために、物の所有権の争いが厳しくなるのである。

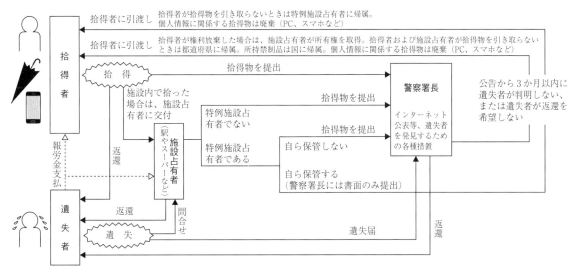

資料❷　遺失物法による拾得物の取扱いの主な流れ

（警察庁ウェブサイト https://www.npa.go.jp/safetylife/chiiki2/flow.pdf を元に作成）

8 入学するときにお金を借りたら

設例 18歳になり、大学に入学したAさんは、在学中は家族に経済的な負担を
かけたくないと思い、B財団の貸与型の奨学金制度に応募し、奨学生として採
用されることになった。

1 お金を借りる契約とは？

奨学生として採用された後、Aは在学中、B財団から月々の奨学金を受け
取ることになる。そして、就職先も決まり、無事に大学を卒業した場合、A
は、例えば、その就職先で支払われる給料から、在学中に受け取った金額相
当分のお金をBに返済しなければならない。

設例の場合、AはB財団から奨学金の貸与を受けることになる。したがっ
て、Bから奨学金、すなわちお金をもらうのではなく、あくまでBからお金
を「借りる」ことになる。Aは、貸与を受けた金額のお金を利用、すなわち
消費することができるが、後日、所定の期間内に貸与を受けた金額相当分の
お金をBに返済する必要がある。このような貸し借りのことを**消費貸借**（民
587条〜592条）という。なお、奨学金には貸与型のほかにも給付型の場合もあ
る。Bからお金をもらうのであれば、AはBにこれを返済する必要はない。
Bから贈与（民549条〜554条）を受けることになる。

B財団からAに対して奨学金の貸与が行われたのであれば、AとBとの間
には、お金の貸し借りを目的とする契約が交わされたと考えることができ
る。つまり、A・B間で**金銭消費貸借契約**という「お金を借りる契約」が締
結された、といえるだろう。

Aは、A・B間の金銭消費貸借契約に基づいて、学費など、在学中に必要
とされる諸経費のために、B財団から受け取った金額のお金を消費し、卒業
後にこれと同額のお金を、または、お金を消費する対価としての利息をその
金額に加えて返済しなければならない。消費貸借は、当事者の一方が種類、
品質および数量の同じ物をもって返還することを約して相手方から金銭その
他の物を受け取ることによって、その効力を生ずる（民587条）。

消費貸借の場合、貸主から借主に目的物が交付されると、その**所有権**[1]は貸
主から借主に**移転**[2]する。借主は、その目的物を消費したうえで、交付を受け
た目的物と種類、品質および数量の同じ物を貸主に返還すればよい[3]。

2 利息はいくら高くてもよいのか？

奨学金の貸与など、学生の就学援助を行う日本学生支援機構のウェブサイ
ト[4]には、奨学金の種類（貸与型か給付型か）や奨学生の採用方法などが説明さ
れている。また、貸与型の奨学金には「第一種奨学金（無利息）」と「第二種奨

➡1 所有権の内容
　所有者は、法令（都市計画法や
建築基準法など）の制限による場
合を除いて、自由にその所有物の
使用、**収益**および**処分**をする権利
を有する（民206条）。例えば、パ
ソコンの所有者はこれを自由に**使
用**し、他人に貸して賃料をもらう
形で**収益**することができる。他人
に売却するなどの方法で**処分**する
こともできる。

➡2 消費貸借とは異なり、使用
貸借（民593条〜600条）や賃貸
借（民601条〜622条の2）の場
合、目的物が貸主から借主に交付
された後も、その所有権は依然と
して貸主のところにある。また、
借主は目的物を使用収益できるに
すぎず、目的物自体を返還しなけ
ればならない。

➡3 諾成的消費貸借
　2017年の民法改正前では、消
費貸借契約は要物契約である旨が
規定されていたが、判例および通
説は当事者の合意でこれと異なる
契約（諾成的消費貸借契約）を認
めていた。2017年の民法改正に
より、要物契約としての従来の規
定（民587条）に加えて、諾成的
消費貸借契約は書面ですることを
要するとの規定が新たに設けられ
た（民587条の2第1項）。

➡4 URL:https://www.jasso.
go.jp/shogakukin/index.
html(2022年8月14日取得)。

学金（利息が付くタイプ）」という２種類の制度が用意されている。このように、奨学金には、無利息で返済するものと利息を加えて返済するものとがある[5]。利息とは、元本[6]を一定の期間利用することの対価を意味する。また、利率とは、元本に対する利息の割合を指す。法律の規定または当事者の合意によって利息が発生する場合において、当事者が利率について合意をしなかったときは、その利息が生じた最初の時点における法定利率による[7]（民404条1項。これに対して、当事者の合意で定める利率を「約定利率」という）。

もちろん、貸主は借主から利息を無制限にとれるわけではない。利息制限法は、金銭消費貸借について、元本の額に応じて利息の上限金利（元本10万円未満の場合：年20％、元本10万円以上100万円未満の場合：年18％、元本100万円以上の場合：年15％）を定めている。仮に当事者が契約の中でそれを超える利息を定めた場合（約定金利）であっても、その超過部分は**無効**となる（利息制限法1条1項）。また、貸金業を営む者（貸金業者）が業として行う金銭消費貸借について、**貸金業法**が一定のルールを定めている。例えば、年109.5％を超える割合による利息の契約をしたときは、金銭消費貸借契約そのものが無効になるとされている（貸金業法42条1項）。したがって、そのような割合による利息の契約をしても、利息が全くとれないことになる。

利息については、利息制限法や貸金業法の他に、「**出資の受入れ、預り金及び金利等の取締りに関する法律**」が一定以上の高利を刑事罰の対象としている。

3 卒業後、返済できなくなったら？

■展開例１ Ａさんは、卒業後、毎月奨学金を返済していた。ところが、就職先の企業が不況のあおりを受けて倒産し、奨学金の返済ができなくなってしまった。

展開例１では、貸与を受けた奨学金の返済不能[8]という状況が生じているが、これは返済が滞っている状態を指す。上述のように、金銭消費貸借契約に基づいて目的物の所有権が借主に移転することになるが、借主は、契約終

→5 利息付きの奨学金
日本学生支援機構の利息付きの奨学金では、①貸与終了時に決定した利率が、市場金利の上下にかかわらず返還完了まで適用される「利率固定方式」と、②返還期間中、おおむね５年ごとに見直された利率が適用される「利率見直し方式」が導入されており（ただし上限はいずれも年３％）、奨学金を申し込む際に申込者が選択するようになっている。

→6 元 本
広義では、使用の対価として収益を生じる財産のことをいう（民13条1項1号参照）が、通常は法定果実（民88条2項）を生じる元物（がんぶつ）のことを指す。ここでは、利息を生じる貸金を意味する（民405条参照）。

→7 2017年の民法改正によって、法定利率については変動制が採用され、民事も商事も同一の法定利率が適用されることになった。2020年4月1日時点（2017年改正民法の施行時）の法定利率は年3％であるが（民404条2項）、その後は、3年ごとの見直しが予定されている（民404条3項・4項および5項）。

→8 返済不能
「返済不能」という用語は一般的な表現であって、法的には履行遅滞を意味する。

資料❷

奨学金 10億円返還へ

支援機構 過払いの保証人2000人に

奨学金の保証人などに返済が終わった保証人、今、機構はそれ以外に設定された保証人に全額返還の保証人として、返還中旬から連絡し、順次返還手続きを進める。今年3月以前に返還済みを求めた訴訟で、機構は3日までに、計約220万円の支払いを命じた札幌高裁判決以外にも過払いがある可能性がある。原告以外に対し上告せず、原告以外にも計約10億円を返還すると明らかにした。

奨学金の保証人に今、機構はそれ以外に設定された保証人に全額返還を請求していた。同年5月19日の札幌高裁判決は「分別の利益により債務額は当然に減額される」と指摘。原告側も上告しない。機構は今後、連帯保証人を含む人数で割った分とした半額しか請求しない。保証人には返還義務のある「分別の利益」が適用される半額しか請求しない。奨学金過払いを巡っては、機構が保証人に支払い義務を超えた金額を請求しているのが問題だと指摘されていた。

判決では、連帯保証人を含む人数で割った分とした半額しか請求しない。訴訟では、「分別の利益」が適用されるかが争われた。奨学金を借りた本人と連帯保証人は、返済義務のある民法上の「分別の利益」が適用される半額しか請求しない。機構は今後、連帯保証人を含む人数で割った分とした半額しか請求しない。

機構によると、データが残っている2017年4月以降にした。象者は、返還対象者は、データが残っている2017年4月以降。機構によると、学金を借りた本人と連帯保証人が返済できない場合、保証人が返済する仕組み。

（二〇二三年六月三日 日本経済新聞）

資料❶

奨学金 全員から保証料

財務・文科省方針 延滞の増加に対応

財務省と文部科学省は2020年度にも日本学生支援機構の貸与型奨学金の貸与を受ける学生全員から保証料を徴収する方針を固めた。延滞の増加に対応する。保証人や連帯保証人が必要な人的保証を廃止し、機関保証に一本化する方向で検討する。人的保証は確実に資金を回収でき保証料で延滞を補う。

機構の貸与型奨学金を巡っては、2020年度にも日本学生支援機構の貸与を受ける学生が占める。17年度は2万件以上の延滞が発生し、国内の延滞が増えている。少子化で元本が減り大学進学時に奨学金を借りる学生が増えている。

（二〇一九年一月九日 日本経済新聞）

---

8 入学するときにお金を借りたら 45

了時に貸主から受け取ったその目的物と種類、品質および数量の同じ物を返還すればよい。民法では、借主が、受け取った金銭その他の物と種類、品質および数量の同じ物をいつ返還しなければならないかは、返還時期の約定がない場合とある場合とで区別されている。

　まず、返還時期の約定がない場合を考えてみよう。本来であれば、期間の定めのない債務の履行期は、債務者が債権者から履行の請求を受けた時に到来するのが原則である（民412条3項）。この原則を金銭消費貸借の場合にも適用すると、目的物の返還債務を負う借主（債務者）は、貸主（債権者）から履行の請求を受けた時に、直ちに履行しなければ**遅滞**の責任を負うことになってしまう。しかし、それでは借主にとって酷である。そこで、金銭消費貸借の場合、貸主は、「1か月後に返済しなさい」というように、相当の期間を定めて返還の催告をすることができる（民591条1項）。

　次に、返還時期の約定がある場合、基本的に債権一般の履行期についての原則が適用される。確定期限があれば期限の到来した時から遅滞の責任が発生し（民412条1項）、不確定期限があるときは、債務者が、その期限の到来した後に履行の請求を受けた時またはその期限の到来したことを知った時のいずれか早い時から遅滞の責任が生ずる（民412条2項）。

　実際には、当事者間の合意によって返済不能時の対応を調整することができる。日本学生支援機構の「2019年度奨学金ガイド」によれば、奨学金の返還を延滞すると、①年5％の割合で延滞金が課される、②電話や文書などを通じて返還の催促が行われる、③返還開始から6か月以上経過した時点で3か月以上延滞した場合には、個人信用情報機関に延滞者として登録される。また、返還中に病気や失業などで返還が困難になった場合には、毎月の返済額が減額され、返還期間が延長されたり、返還の期限が猶予されたりすることもある。

　ところで、貸主の立場からすると、借主に貸したお金が返済期限までに戻ってこないのであれば、そもそも貸そうとは思わないだろう。また、貸与する金額が高ければ高いほど、借主の返済能力についてより入念な調査が行われるだろう。そのうえで、貸主は借主を「信用して」お金を貸すことになる。しかし、それでも上述のような返済不能という事態が生じることもある。

　では、どのようにすれば貸主は借主の返済不能のリスクを回避できるだろうか。上述の「2019年度奨学金ガイド」によれば、保証制度として借主は申請時に機関保証か人的保証のいずれかを選択しなければならない。前者は、保証が保証機関（法人）によってされるもので、保証機関に対して一定の保証料を支払うことで、保証機関からの保証を受けるものである。これに対して、後者は保証が個人によってされるもので、前者と比べて保証人の法的地位をめぐって問題になることが多い（資料❶参照）。そこで、次の展開例を通じて、保証のしくみについてみていくことにしよう。

4　保証人になってほしいと頼まれたら

■展開例2　Aさんの父Cさんは、知人Dさんに頼まれ、Dさんが貸金業者E社から借り入れた300万円の保証人になった。

（1）**保証のしくみ**　　展開例2では、CがD（主たる債務者）とE社（債権

➡9　借主による期限前の返済
　借主は、返還の時期の定めの有無にかかわらず、いつでも返還をすることができる（民591条2項）。

➡10　https://www.jasso.go.jp/shogakukin/oyakudachi/__icsFiles/afieldfile/2019/04/26/pw_jasso_guide2019.pdf（2019年6月10日取得）。
※2022年8月現在、上記URLは閲覧できず、かわりに日本学生支援機構のウェブサイト（➡4）に奨学金の申込資格や支給額、返還に関する手続などについて案内がされている。

➡11　個人信用情報機関に延滞者として登録されると、その情報を参照した金融機関等がその人を「経済的信用が低い」と判断することがあり、これにより、クレジットカードが発行されなかったり、クレジットカードの利用が止められたりすることがある。

者）との間で締結された金銭消費貸借契約の保証人となっている。債権者は、自らの債権の回収を確実なものとするために、主たる債務者に対し、誰かに保証人になってもらうことを求める場合が多い。Cが保証人となるには、CとE社との間で保証契約が締結されなければならない[12]。展開例2の場合、DがEに対する借入金の返済ができない場合、Cは、保証契約に基づいて、自らの保証債務の履行として、Eに対して、Dに代わってDのEに対する金銭債務の履行義務を負うことになる（民446条1項）[13]。このような方法を**人的担保**という（資料❸、49頁コラム参照）。

　保証契約は書面でしなければ効力を生じない（民446条2項）。保証人が保証内容を十分に確認しないで保証人になることを引き受けてしまえば、後でその内容をめぐってトラブルが生まれるおそれがあるからである。また、パソコンで入力した内容をUSBメモリなどの電磁的記録媒体に保存する場合のように、保証契約がその内容を記録した電磁的記録によってされたときは、その保証契約は、書面によってされたものとみなされる（民446条3項）。

　また、保証人が保証債務の弁済等によって主たる債務者の債務を消滅させた場合、主たる債務者に対し**求償権**を取得する（民459条）。展開例2の場合、CがDの代わりに300万円を支払ったときは、CはDに対し求償権を取得することになる。

（2）補充性に基づく抗弁　保証人は、主たる債務者が債務を履行しないときに、はじめてその履行をする責任を負うことになる（民446条1項）。これを保証債務の「補充性」といい、保証債務の性質の1つに挙げることができる。そして、補充性に基づく抗弁として、①催告の抗弁と、②検索の抗弁がある[14]。①については、債権者が主たる債務者に催告をすることなく、保証人に請求してきたときは、保証人は、まず主たる債務者に催告をすべき旨を請求することができる（民452条本文）。また、②については、債権者が主たる債務者に催告をした後でも、保証人が主たる債務者に弁済をする資力（債務全額を弁済する財産ではなく、執行が容易である若干の財産）があり、かつ執行が容

➡12　保証の種類
　自然人が保証人となるのではなく（個人保証）、法人が保証人となることがある（法人保証）。法人保証には、信用保証協会による保証のように、保証を業としている機関が保証をする場合があり、これを「機関保証」という。

➡13　保証委託契約
　DがCに保証人になるように依頼する契約は、DとCとの間で成立する保証委託契約という別個の契約となることに注意してほしい。

➡14　抗弁
　抗弁とは、民事訴訟において、相手方の権利や事実にかかる主張に対し、単にこれらを否定したり、否認したりするのではなく、自らが証明責任を負う事実による別個の事項を主張する防御方法のことをいう。

資料❸　債権回収の手段

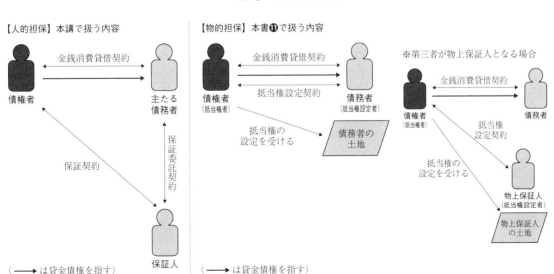

【人的担保】本講で扱う内容

債権者　　金銭消費貸借契約　　主たる債務者

保証契約　　保証委託契約

保証人

（　　　は貸金債権を指す）

【物的担保】本書⓫で扱う内容

債権者（抵当権者）　　金銭消費貸借契約　　抵当権設定契約　　債務者（抵当権設定者）

抵当権の設定を受ける　　債務者の土地

（　　　は貸金債権を指す）

※第三者が物上保証人となる場合

債権者（抵当権者）　　金銭消費貸借契約　　債務者

抵当権設定契約

抵当権の設定を受ける

物上保証人（抵当権設定者）

物上保証人の土地

易であることを証明したときは、保証人は、債権者がまず主たる債務者の財産について執行をすべき旨を請求することができる（民453条）。

（3）**保証債務の付従性**　保証債務は主たる債務を担保するものである。そのため、保証債務には、主たる債務の存在を前提とし、主たる債務に従属する「付従性」という性質が認められている。例えば、主たる債務を発生させる契約が不成立であったり、無効であったりした場合、付従性により保証債務も存在していないことになるので、保証人は請求を拒むことができる。主たる債務が弁済等により消滅した場合も同様で、付従性によって保証債務は消滅するから、保証人は、債権者からの請求を拒むことができる。

> ■展開例３　展開例２の場合に、Ｅ社の強迫を理由にＤさんが、Ｄ・Ｅ間の金銭消費貸借契約を取り消すことができるのにこれを取り消さないときに、保証人であるＣさんはそれでもＥ社からの支払請求に対し、応じなければならないのか。

（4）**付従性に基づく抗弁**　主たる債務者が債権者に対して主張することができる抗弁は、保証人も主張することができる（民457条2項）。例えば、主たる債務者が主たる債務を発生させる契約を取り消すと契約は遡及的に消滅するので、保証人は債権者の請求を拒むことができる。

他方、展開例３のように、主たる債務者が取り消すことができるのに取り消さないときや、主たる債務者が解除できるのに解除しないときは、保証人はどのような立場に置かれることになるのだろうか。確かに、保証人は取消権者には該当しない（民120条参照）。また、主たる債務を発生させる契約の当事者ではないので、保証人には解除権も認められない。しかし、取り消されたり解除されたりするのであれば、保証債務を履行する必要はなくなるので、債権者の請求を拒絶できるようにすることが望ましい。そこで、主たる債務者が取消権や解除権を有する間は、保証人は債権者に対して債務の履行を拒むことができる（民457条3項）。展開例３の場合、保証人であるＣは、Ｄが取消権を有する間は、Ｅ社に対して債務の履行を拒むことができる。

なお、展開例３の場合に、ＤがＥ社に対して100万円の反対債権を有し、かつ相殺の要件が充足されているのであれば、Ｄの相殺の意思表示によりＥの債権は200万円に減ることになるから、Ｄが意思表示をする前でも、保証人であるＣは100万円の限度でＥの請求を拒絶することができる（民457条3項参照）。

（5）**連帯保証**　保証人は、主たる債務者がその債務を履行しないときになってはじめて履行の責任を負うのが原則である。しかし、**連帯保証**の場合、連帯保証人は、主たる債務者より先に自分が請求を受けても弁済しなければならない。仮にＤのＥ社からの借入れについて、保証人Ｃの他に連帯保証人Ｆがいたとしよう。このとき、Ｄが返済不能になった場合、Ｃとは異なり、Ｆは即座にＥから支払請求を受けることになる。[15]

また、連帯保証人を含めて複数の保証人が存在する場合、各保証人は等しい割合で債務を負担することになる（民456条）。これを「分別の利益」という。連帯保証人にこのような分別の利益は認められていない。そのため、連帯保証人は主たる債務者と同じ額を返す義務を負うが、保証人は連帯保証人を含めた人数で按分した額となる。上の例では、Ｆは300万円の保証債務を負うことになるが、Ｃはその2分の1の150万円の保証債務を負うことにな

→15　**商事保証**
商事保証（債務が主たる債務者の商行為によって生じたものであるとき、または保証が商行為であるとき）は、当然に連帯保証となる（商法511条2項）。

る。連帯保証人にはこれらの抗弁は認められていないので、債権者の支払請求に即座に応じなければならない。債権者からすれば、催告の抗弁も検索の抗弁も認めず、かつ分別の利益も認めない連帯保証の方が、通常の保証と比べて有利であり、実務上、連帯保証とされることが多い。

◆16　日本学生支援機構がこうした分別の利益に関する説明を保証人に対して説明することなく全額請求していたことが報道で明らかにされ、その是非をめぐって議論があった（資料❷参照）。

5　債務者（主たる債務者）が無資力であることがわかったら？

■展開例4　展開例3の場合に、保証人であるCさんは、Dさんが複数の不動産を所有しており、他に連帯保証人もいるとDさんから聞いていたので、保証人となることを引き受けた。しかし、後にDさんは不動産を一切所有しておらず無資力であり、他に連帯保証人もいないことがわかった。このとき、Cさんは錯誤を理由として保証契約を取り消すことができるだろうか。

　保証人は、保証契約にとって基礎事情に関する錯誤（民95条1項2号・2項）を理由として保証契約を取り消すことができるかが問題となる。

　この点について、主たる債務者に資力があることや他に担保があることを理由として保証人となった場合や、他に連帯保証人がいるからといった理由で保証人となった場合には、これらを理由として錯誤による取消しを認めないのが判例の立場である。保証契約は、保証人が債権回収のリスク（主たる債務者が債務を履行しないために債権者が債権を回収できなくなるリスク）を引き受ける目的で債権者と締結されるからである。したがって、保証人であるCの錯誤による保証契約の取消しは認められない。錯誤による取消しが認められるのは、主たる債務者の人的属性をどのように認識しているのかについて債権者と保証人が特別に合意を交わしている場合や、債権者が主たる債務者の属性に関する保証人の誤認を惹起し、または保証人の誤認を認識しつつ、これを利用したような場合に限られることになるだろう。

 債権回収の手段 ――人的担保と物的担保

　債権者が自らの債権を確実に回収するための手段として、本講の本文で述べたように、保証人との間で保証契約を締結して、主たる債務者が返済できなくなったときに保証人から債権を回収する方法がある。これを**人的担保**という。これにより、保証人は、主たる債務とは別個独立の債務として、保証債務を負うことになる。保証人に債務の引当てとなる財産（これを「責任財産」という）が十分にあれば、（後述する抵当権などの）物的担保の実行手続に比べて比較的容易に債権が回収できるというメリットがある。しかし、保証人の財産が債権額に足りなければ、債権の回収に失敗するリスクが生じる。

　他方、こうしたリスクを回避する手段として、例えば抵当権を設定するという方法がある（本書⓫参照）。これを**物的担保**という。債権者は、債務者または第三者（この者のことを「物上保証人」という）が所有する土地または建物などの不動産に抵当権を設定させて、債務者が金銭債務を履行できないときに、債権者（＝抵当権者）は抵当権を実行することで、その不動産を競売にかけ、金銭に換えた（換価した）上で配当を得ることができる。このとき、債務者が他の債権者から金銭を借りていた場合でも、抵当権者である債権者は、他の債権者に優先して配当を得ることができる。この方法は、抵当権の登記や、抵当権の実行手続に時間や費用がかかり、人的担保と比べて余分な手間を要する。もっとも、土地や建物を対象とすることから、これらの財産が債務者や（物上保証人となる）第三者にあれば、債権者は債権の回収をより確実にすることができる。これが物的担保のメリットである。

＊　関係図については資料❸を参照のこと。

9 自分のクレジットカードを作ったら

設例 海外旅行に行くのをきっかけに学生用のクレジットカードを作ったＡさんは、インターネット通販でもクレジットカードをしばしば利用するようになった。あるネットショップでカバンをみたＡさんは、「今がチャンス！リボ払にすればポイント５倍のキャンペーン中！」というバナー広告に惹かれ、毎月少しずつなら支払も楽チンかもと気軽に考えて、リボ払で買ってみた。しかし、後になって利用明細を見たとき、安くない手数料が毎月かかることに気がついた。

➡1 クレジットカードの海外でのメリット

学生のクレジットカード保有のきっかけに海外旅行や留学がある。多額の現金を持ち歩く不安解消のほか、通常、海外旅行傷害保険が無料で付帯されること、海外キャッシングを両替よりも安く安全に利用できること、クレジットカード紛失・盗難保険があることなどが挙げられる。

➡2 学生カードと家族カード

学生カード（18歳以上の学生等向けに発行されるクレジットカード）は、利用限度額が低い（10〜30万円）のが一般である。

家族カードは、親のクレジットカードに追加して発行してもらうもので、学生カードよりも利用限度額は高くなる。家族カードの申込みは、カード会員である親が行う。家族カードの支払は親がするので、利用明細は親に通知される。

➡3 クレジットカード

クレジットカードとして正式に認められているものとして、VISA, Mastercard, American Express, JCB, Diners Clubなどがあり、これらの国際ブランドと提携して信販会社、銀行、流通会社（スーパーや百貨店など）が「○○カード」などのカードを発行している。

➡4 クレジット

クレジット（credit）とは、信用供与を表す。債務の履行（例えば、代金の支払）を現在ではなく、将来でよいと認めるものであり、このような取引を信用取引とよんでいる。

➡5 プリペイドカード

クレジットカードは後払だが、プリペイドカードは前払なので、あらかじめ現金をチャージしておく必要がある。交通系ICカードやIC機能付き学生証などのほか、VISAやMastercardなどの国際ブランド付きのカードもある。

1 クレジットカード取引のしくみとは？

（1） クレジット契約 クレジットカードを作るには、カード利用者（会員：Ａ）とカード会社（信販会社など）との間でカード会員契約とよばれる**加入契約（クレジット契約）** が結ばれる。カード会員になると、カード会社の発行するクレジットカードを用いて、信用供与を中心とするサービスを受けられる。すなわち、①会員は、カード会社と提携する加盟店（販売店）でカードを提示して買い物などができ、クレジットカード払にするとカード会員である買主自身は後払で支払えばよくなる。②カードで支払うには伝票にサイン（または暗証番号の入力）をするが、その伝票は、加盟店からカード会社に送られ、これを受けたカード会社は、加盟店に会員の代金を立替払する。③カード会社は、加盟店に代わって会員からの支払（銀行口座から引落とし）を受ける。

（2） クレジットカード取引の法的しくみ カードの利用は、一見すると、カード会社から借金（金銭消費貸借契約）をしたのと同じようにもみえる。しかし、カード会社は、会員が加盟店で買い物などをする場合にだけ、その代金を立替払するのであって、借金と全く同じではない。これを割賦販売法では「**信用購入あっせん**」とよび、特に、クレジットカードを利用する場合を「**包括信用購入あっせん**」とよんでいる。クレジットカード取引では、会員とカード会社との間の**加入契約**、カード会社と加盟店との間の**加盟店契約**、会員と加盟店との間の**売買契約**などが締結されており、三当事者の間で３つの契約が存在する（資料❶、55頁コラム参照）。

（3） クレジットカードのメリット クレジットカードには、様々なメリットがある。会員は、手持ちの現金がなくても、欲しいときに直ちに商品を購入でき、カードを利用すると、ポイントや割引特典を受けられることがある。加盟店にとっては、カード会社に一括立替払してもらえて代金回収が早く確実であるし、顧客の潜在的購買力を掘り起こせるメリットがある。カード会社にとっては、加盟店から手数料を、会員から会費や分割手数料（分割払やリボ払の場合）を得られるメリットがある。

2　クレジットカードの支払方法にはどのような種類があるか？

　(1)　**手数料がかからない支払方法**　　クレジットカードの支払方法の1つに分割払がある。買い物の際に支払回数を指定するものであるが、分割払には、手数料（支払回数によって12%〜15%程度）がかかる（2回払は手数料がかからないカードもある）。他方で、一括払（1回払）やボーナス一括払で支払う場合には手数料はかからない。クレジットカードは、原則として一括払で利用するのが望ましい。

　(2)　**リボ払の支払方式**　　クレジットカードの支払方法の1つであるリボ払は、正式には「リボルビング払」という。利用した金額や件数にかかわらず、あらかじめ設定された一定金額を月々支払う方式であり、未払残高に応じて手数料が生じる（カード会社によって手数料率〔年率15%〜18%〕や返済方法〔計算方法〕は異なる）。

　(3)　**リボ払のメリットとデメリット**　　月々の支払額（返済額）が一定になるサービスであり、家計を管理しやすいメリットがある一方で、次のようなデメリットもある。まず、①とにかく手数料が高くつくことである（せっかく安いショップを見つけて買っても無意味になる）。また、②新たに高額の買い物に利用しても、月々の支払額は一定のままなので感覚がおかしくなり、つい使いすぎてしまうおそれがある（返済期間が長期化し、いつまで経っても完済できずに手数料を払い続ける「リボ地獄」に陥る可能性もある）。さらに、③他人がカードを不正使用しても（後述）、気がつきにくい（いきなり高額の請求が来ることもない）。リボ払のデメリットを理解しないまま、ポイントアップのキャンペーンに目がくらみ、高い手数料を払って損をしないように注意すべきである。

　(4)　**手数料の支払を安くするには？**　　設例のAが毎月の手数料の支払を安くするにはどうするべきか。手数料は未払残高が減れば安くなるので、できるだけ未払残高を減らすために、（全部または一部の）繰上返済（まとめ払）

●6　**各種カードの支払方法**
　クレジットカードは利用限度額の範囲内での支払（後払）だが、1回払だけでなく分割払やリボ払、ボーナス払もできる。他方で、プリペイドカードはチャージ残高の範囲内からの支払（前払）、デビットカードは預金残高の範囲内からの引き落とし（即時払）で、いずれも1回払だけである。

●7　**金銭消費貸借契約**
　借主が金銭を借りて自由に利用した後、貸主に返済する（二当事者間の）契約である。

●8　**キャッシュレスの推進**
　キャッシュレスの推進は、多額の現金を持たずに買い物が可能になることや、紛失等のリスクが現金に比べて軽減されること、事業者にとっても現金管理コストの削減による生産性向上など、様々なメリットが期待されている。近年では、スマホを用いた新しい支払サービス（スマホ決済）も登場するなど、支払方法は多様化しており、今後も様々なサービスが登場することが予想される。2017年6月に閣議決定された「未来投資戦略2017」においては、2027年までにキャッシュレス決済比率を4割程度とすることを目指すとされている。

●9　**クレジットカードの機能**
　クレジットカードには、決済機能、キャッシング機能、国際通貨機能、ID機能、付帯サービス機能（保険、ポイント、割引の特典）等様々な機能があるといわれる。

資料❶　クレジットカード取引の基本的しくみ

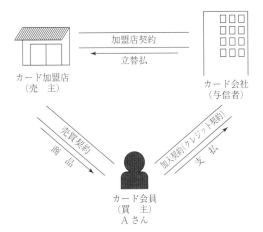

資料❷　フィッシング詐欺のイメージ

（2018年11月4日　産経ニュース）

をすべきである。全部を完済すれば手数料もなくなるし、一部返済でも未払残高が減り手数料を安くできる。繰上返済が難しくても、月々の支払額を増額すれば未払残高を減らせるので、手数料も安くできる。

3　クレジットカードの情報が盗まれて、誰かに使われてしまったら？
── カードの不正使用

> ■展開例1　クレジットカードをなくしたAさんが、カードの利用を停止しようと、カード会社に連絡したら、すでに何者かにカードを使用された後だった。この場合、Aさんはカード会社からの支払請求を拒むことができるか。

（1）**カードの不正使用の背景**　クレジットカードの紛失・盗難の場合、カードを拾った人や盗んだ人がカードを使ったらどうなるか。他人にカードを使われたAは、カード会社からの支払請求に応じなければならないか。本来は、カード使用の際、伝票のサインとカード裏面の署名とを照合し本人であることを確認する建前となっているが、日本では、カード裏面の署名が重視されず照合・チェックも概していい加減である。このため、紛失・盗難カードの不正使用が後を絶たないという背景事情がある。

（2）**銀行キャッシュカードの不正使用**　ところで、クレジットカードの紛失・盗難と似たような問題は、キャッシュカード^{➡10}の紛失・盗難でも生じる。例えば、生年月日を暗証番号にしていて、キャッシュカードと一緒に紛失した免許証・病院の診察券に記載された生年月日から暗証番号を推測されて、預金を引き出されたときである。そこでまず、キャッシュカードの不正使用について考えてみよう。

そもそも、銀行は、キャッシュカードの持ち主である預金者と預金契約を結んでおり、その契約上の義務として、預金者からの払戻請求（預金の引出し）に応じる義務を負っている。他方、預金者以外の他人から払戻請求があったとしても、銀行は何らの義務も負わない。それゆえ、たとえ銀行が預金者以外の他人に預金を払い戻しても、有効な契約上の債務の履行（弁済）とはいえず、預金者は、依然として、銀行に預金の払戻請求をできることになる。これが大原則である。そうすると、他人がキャッシュカードの不正使用（預金の引出し）をしても、預金者は全く不利益を受けないようにみえる。

（3）**民法478条の制度**　ところが、民法には例外的な制度がある。誰が見ても債権者らしい外観を有する者を信頼して善意（事情を知らないで）かつ無過失でした弁済は有効とする、という**「受領権者としての外観を有する者に対する弁済」**（民478条）^{➡11}の制度である。これは、日常頻繁に行われる弁済事務の迅速化・簡便化を保障し、善意弁済者の保護を図る重要な制度である。これにより、従来、銀行による預金者以外の他人への払戻しは、その他人が預金通帳と届出印章を所持していれば「受領権者としての外観を有する者に対する弁済」に当たるとされ、ほとんどの場合、銀行は免責され、預金者は払戻請求できなくなった。キャッシュカードの不正使用によりATMから預金が引き出された場合にも、同様に民法478条が適用されるとした判例もある。したがって、預金者は、キャッシュカードの紛失・盗難の際には、すぐに銀行に連絡し、カードの利用を停止する必要があるが、その前に引き出されてしまった場合には、預金者が被害を受けることを覚悟しなければならな

➡10　**キャッシュカード**
銀行が預金者に発行するプラスチック製カードであり、ATM（現金自動預払機）で、自分の銀行口座からの引出し、預入れ、残高照会、他の銀行口座への振込みなど多様な取引に利用できる。ATMに暗証番号や取引金額などを入力すると、通帳や印章なしで取引できる。カードの磁気情報を取り出して偽造カードが作られるのを防ぐため、最近では、ICチップ内蔵カードのほか、掌や指の静脈パターンを読み取る方法を用いた生体認証カードも採用されている。キャッシュカードは、クレジットカードと異なり、買い物などの支払には使えない（決済機能がない）。もっとも、決済機能を補うために、クレジットカードやデビットカードと一体型のキャッシュカードも発行されている。

➡11　**民法478条**
受領権者（債権者及び法令の規定又は当事者の意思表示によって弁済を受領する権限を付与された第三者をいう。以下同じ。）以外の者であって取引上の社会通念に照らして受領権者としての外観を有するものに対してした弁済は、その弁済をした者が善意であり、かつ、過失がなかったときにかぎり、その効力を有する。

かった。

　（4）**預貯金者保護法**　もっとも、偽造・盗難キャッシュカードを用いて
ＡＴＭから預金を不正に引き出されることによる被害が多発し、社会問題化
したことから、「偽造カード等及び盗難カード等を用いて行われる不正な機
械式預貯金払戻し等からの預貯金者の保護等に関する法律」（**預貯金者保護法**）
が作られ、2006年から施行されている。それまで銀行は、「キャッシュカー
ド規定」に定める契約条項（免責約款）を根拠に、ほとんど被害補償に応じて
いなかったが、預貯金者保護法は、民法478条の特例として、被害の全額補
償を事実上の原則と定めている。この結果、キャッシュカードが偽造・盗難
されて預金を不正に引き出された場合には、預金者は、原則として銀行から
全額補償を受けられることになっている。

　（5）**クレジットカード盗難保険**　それでは、クレジットカードの不正使
用についてはどうか。残念ながら、預貯金者保護法はキャッシュカードを適
用対象としており、クレジットカードは適用対象外である。

　クレジットカードの紛失・盗難の場合、他人が不正使用したときは、加盟
店で買い物（売買契約）をしたのは他人であり、カード会員ではないので、会
員が代金の支払義務を負う必要はないようにもみえる。

　ところが、カード会員規約（カード会社があらかじめ定めた契約条項・約款）に
よれば、クレジットカードの紛失・盗難の場合、他人にカードを使われた会
員は、不正使用による代金の支払義務等の一切を負担しなければならないと
されている。もっとも、同時に、カードが不正使用された場合の会員の損害
を回避するために、クレジットカード盗難保険（カード紛失・盗難保険）によっ
て損害を補償することが会員規約に定められている。例えば「会員が盗難・
紛失の事実をカード会社及び警察に届け出た場合には、カード会社が届出を
受けた日の60日前以降に発生した損害について、カード会社は会員に対し、
その支払を免除する」等である（何日間かはカード会社によって異なる）。した
がって、展開例１のＡのように、クレジットカードの紛失・盗難により不

→12　スキミングという犯罪
　スキミングとは、カード偽造の
手法の１つであり、カードの磁
気情報を特殊な装置で盗み取るこ
とをいう。クレジットカードの場
合、スキミング被害についても、
クレジットカード盗難保険でカ
バーされる。近年、スキミングで
きないICチップ内蔵カードが導
入され被害は減少している。

→13　カード犯罪と刑法改正
　クレジットカードの偽造などを
処罰するため2001年に刑法が改
正され、「支払用カード電磁的記
録に関する罪」が新たに設けられ
た（刑法163条の２～163条の５
まで）。

→14　免責約款
　かつては、ＡＴＭでカードと暗
証番号を確認して支払った場合に
は、銀行は責任を免れる（＝免
責）、という免責約款を定めてい
たが、預貯金者保護法の施行後は
同法に沿うよう改訂されている。

資料❸　カード会員規約の例

会員規約（個人用・抜粋）

（カードの貸与およびカードの管理）
第〇条　1　当社は、会員本人に対し、当社が発行するクレジットカード
　（以下「カード」という。また、「カード」のうち家族会員に貸与されるカー
　ドを以下「家族カード」という。）を貸与します。会員は、カードを貸与さ
　れたときに直ちに当該カードの所定欄に自己の署名を行わなければなり
　ません。
　2　カード上には会員氏名、会員番号、カードの有効期限等（以下「カー
　ド情報」という。）が表示されています。カードはカード上に表示され
　た会員本人以外は使用できません。
　3　カードの所有権は当社にあります。会員は、善良なる管理者の注意を
　もってカードおよびカード情報を使用し管理しなければなりません。ま
　た、会員は、他人に対し、カードを貸与、預託、譲渡もしくは担保提供す
　ること、またはカード情報を預託しもしくは使用させることを一切してはな
　りません。
（暗証番号）
第△条　1　会員は、カードの暗証番号（４桁の数字）を当社に登録する
　ものとします。ただし、会員からの申し出のない場合、または当社が暗
　証番号として不適切と判断した場合には、当社が所定の方法により暗証
　番号を登録し通知します。
　2　会員は暗証番号を他人に知られないように善良なる管理者の注意を
　もって管理するものとします。カード利用の際、登録された暗証番号が
　使用されたときは、その利用はすべて当該カードを貸与されている会員
　本人が利用したものと推定し、その利用代金はすべて会員の負担としま
　す。ただし、登録された暗証番号の管理につき、会員に故意または過失
　が存在しない場合には、この限りではありません。

　3　会員は、当社所定の方法により申し出ることにより、暗証番号を変更
　することができます。……
（カードの紛失、盗難による責任の区分）
第□条　1　カードの紛失、盗難等により、他人にカードを使用された場
　合には、そのカードの利用代金は会員の負担とします。
　2　第１項にかかわらず、会員が紛失、盗難の事実を速やかに当社に届け
　出るとともに所轄の警察署へ届け出、かつ当社の請求により所定の紛失、
　盗難届を当社に提出した場合、当社は、会員に対して当社が届け出を受
　けた日の60日前以降のカードの利用代金の支払債務を免除します。た
　だし、次のいずれかに該当するときは、この限りではありません。
　（1）　会員が第△条に違反したとき。
　（2）　会員の家族、同居人等、会員の関係者がカードを使用したとき。
　（3）　会員またはその法定代理人の故意もしくは重大な過失または法令違
　　反によって紛失、盗難が生じたとき。
　（4）　紛失、盗難届の内容が虚偽であるとき。
　（5）　会員が当社の請求する書類を提出しなかったとき、または当社等の
　　行う被害状況の調査に協力を拒んだとき。
　（6）　カード使用の際、登録された暗証番号が使用されたとき（第△条第
　　2項ただし書きの場合を除く。）。
　（7）　戦争、地震など著しい社会秩序の混乱の際に紛失、盗難が生じたとき。
　（8）　その他本規約に違反している状況において紛失、盗難が生じたとき。
（偽造カードが使用された場合の責任の区分）
第◇条　1　偽造カードの使用に係るカード利用代金については、会員の
　負担となりません。
　2　第１項にかかわらず、偽造カードの作出または使用につき、会員に故
　意または過失があるときは、当該偽造カードの使用に係るカード利用代
　金は、会員の負担とします。

正使用された場合には、カード会社および警察に速やかに盗難等届出手続を
しておけば、ほとんどの場合、会員の損害はクレジットカード盗難保険に
よってカバーされることになる（実際には、不正使用された代金をいったんカー
ド会社に支払って、後日、不正使用であることが明らかになったときに、その払戻し
を受けることもある）。

　ただし、クレジットカードの不正使用による損害であれば、すべて補償さ
れるわけでない。例えば、盗難等の届出から61日以前の不正使用による損害
は補償されない。したがって、カードの利用明細が届いたら、身に覚えのな
い請求が載っていないか、すぐにチェックすることが必要である（カード利
用伝票の控えを取っておき、これと照合することも大事である）。そのほか、会員
の家族や同居人がクレジットカードを使った場合、また、盗難ではなく、詐
取された場合には、クレジットカード盗難保険が効かない。したがって、ど
んな理由があろうと他人にカードを貸してはならない。

　(6)　インターネット取引における「フィッシング詐欺」　　最近、カード
会員から個人情報を盗み取り不正に利用する「フィッシング詐欺[15]」の被害が
急増している（資料❷参照）。ネットショッピングを展開する正規のウェブサ
イトにサイバー攻撃を仕掛け、利用者のカード情報やパスワードなどの認証
情報を盗み取る被害も相次いでいる。こうした場合、カード会員は、クレ
ジットカード盗難保険によって保護されるケースが多いが、被害に遭わない
ように最新の情報に注意するとともに、もし被害に遭ってしまったら速やか
にカード会社に連絡して、調査してもらうことが重要である。

4　友人にクレジットカードを貸してしまったら？

> ■展開例2　Aさんは、「ネット会員の登録にクレジットカード番号の入力が必
> 要なので、そのためだけということで貸してほしい」と頼んできた友人Bさんに
> 自分のクレジットカードを貸してしまった。Bさんは、そのカードで勝手に買
> い物をした。Bさんにカードを使われたAさんは、カード会社からの支払請求
> に応じなければならないか。

　カード自体を他人に貸した場合（カード貸し）には、それで支払っても良い
と認めたことになる。展開例2のように、たとえBに勝手に使われたときで
も、Aはカード利用代金の支払を免れないことになる。カード会社の会員規
約も、会員が他人に対してカードを使用させることを禁止し、その違反に対
しては会員に責任を負わせる旨を定めている。この場合は、カードの盗難で
はないので、会員の損害はクレジットカード盗難保険によってカバーされる
こともない。

> ■展開例3　Aさんの友人Cさんは、クレジットカードを使いすぎて月々の支
> 払ができず、カード会社からカードの利用を停止されてしまった。Cさんは、A
> さんに懇願して、なんとかA名義で新たなカードを作ることを認めてもらっ
> た。CさんはこのA名義のカードで勝手に買い物をした。この場合、AさんはC
> さんによるカード利用について責任を負うことになるか。

　(1)　名義貸し　　カード利用者は、自分の支払能力を超えて利用しないよ
うに計画的に使う必要がある。もし支払を怠ると、要注意人物としてブラッ
クリストに記載され、別のカード会社のカードも作れなくなることから、こ

➡15　フィッシング詐欺
　「フィッシング詐欺」とは、
カード会社や金融機関などの企業
を装ってメールやSNSのメッ
セージを送りつけたり、偽のウェ
ブページへ接続させたりといった
方法で、インターネットの利用者
から、カード番号や暗証番号など
経済的価値のある情報を盗み出す
行為のことである。

うした問題が生じる。展開例3でAは、自分が使ったわけではないとしてカード会社からの支払請求を拒むことができるか。これは、**名義貸し**とよばれる問題であり、おおむね以下のような考え方によりAの責任が肯定されている。

（2）**名板貸責任**　Aが名前だけとはいえ名義人になることを知って友人Cによる名義使用を承諾した場合には、Aとカード会社との間で加入契約（クレジット契約）が成立する。そして、Aは自らの名義でCが加盟店と売買することを認めたことになる以上、売買契約の無効を主張できず、カード会社からの支払請求も拒むことができないことになる。契約の当事者は、あくまでも実際に契約を結んだCであるが、そのCが支払をしない場合には、名前を貸した名義人Aにも責任が生じるというわけである。これは、商法14条の法意による**名板貸責任**を法的根拠とする考え方である。

（3）**不法行為責任**　そのほか、名義貸しは、会員になろうとする友人Cに対するカード会社の信用調査を誤らせる違法行為であることを理由として、名義人Aに**不法行為責任**[16]（民709条）を負わせる考え方もある。名義貸しをした名義人Aに不法行為責任が成立する場合には、通常、カード利用代金相当額を、カード会社に対する損害賠償として支払わなければならない。

いずれにしても、Aが名義貸しに加担した度合いを考慮し、その責任の有無を決する考え方がとられている。

（4）**名義冒用**　なお、よく似ているが異なる問題として名義冒用とよばれる問題もある。例えば、Aが全く知らない間に、Aの個人情報を入手したDによって、Aの名義が勝手に使われたカードが作られ、使われてしまった場合である。この場合には、名義を使われたAには契約意思がなかったのであるから、名義人Aとカード会社との間に加入契約（クレジット契約）が成立することはない。したがって、Aに対するカード会社からの支払請求も原則として認められないことになる。

➡16　不法行為責任については本書❶2頁参照。

・・

うんちく　「抗弁の対抗」とは？

クレジットカードを使ってネットショップで買った商品にトラブル（商品不着や不具合など）があったらどうなるか。カード会員（買主）が代金を払うべき相手は、加盟店（ネットショップ）ではなく、カード会社である。そうすると商品にトラブルがあっても、それは加盟店の責任なので、会員はカード会社への支払を拒めないようにもみえる。しかし、会員としては、加盟店に対して主張しうる様々な抗弁（同時履行の抗弁権〔533条〕のほか、売買目的物の契約不適合を理由とする解除権〔564条の準用する民541条・542条〕など）をカード会社にも主張（「抗弁の対抗」）したいが、これは認められるか。

この点、カード会社と加盟店の間には密接不可分な関係があって、実質は「カード会社＝加盟店」と会員との1個の契約であると全体を評価できれば、抗弁の対抗を認めてもよさそうである。そこで、割賦販売法に「抗弁の対抗」制度（30条の4）が導入されることになり（1984年改正）、会員がクレジットカードを使って加盟店で買い物をした場合も、買った商品にトラブルがあったときは、2か月以上にわたる後払の取引（例：ボーナス一括払、夏冬のボーナス2回払など。ただし、翌月一括払は対象外）であれば同法の適用があるので、抗弁の対抗が認められる。したがって、会員は、追完請求権が認められる場合（民562条）は、履行の追完（目的物の修補、代替物の引渡し、または、不足分の引渡し）がされるまで、カード会社に対して代金支払を拒むことができる。また、契約目的を達成できないため加盟店との売買契約を解除して支払義務が消滅している場合（民542条1項5号）も、カード会社に対する支払を拒むことができる。

約款による取引と「定型約款」

約款とは？

　私たちの日常生活では、大量の同種の取引を迅速かつ効率的に行うために「約款」を利用した契約が締結される。「約款」とは、一般に、多数の取引に用いるためにあらかじめ定式化された契約内容またはその一部となる契約条項をいう。大量取引を行うにあたって、個々の顧客と個別に交渉をして契約内容を決定するのは煩雑であり、時間や手間（コスト）がかかる。そうしたコストを回避するために、当事者の一方が契約内容をあらかじめ一律に定めておき、これを相手方が受け入れるという形の契約形態（約款による契約）が生みだされた（本書❾❿の資料を参照）。契約自由の原則によって、こうした約款による契約も当事者を拘束することになる（本書⓰参照）。

　これまでに、約款による契約を締結した経験がない人はいないだろう。例えば、あるアプリケーション（以下、アプリという）をスマホで利用する際に、利用規約（約款）への同意を求められ、同意ボタンをクリックしたことがあるだろう。そのとき、長文に及ぶ利用規約をあらかじめ読んだだろうか。実際に起こるかわからないトラブルのために詳細な利用規約を読んでから契約を締結するのでは時間や手間がかかる。上記の理由で、利用規約を確認せずに契約を締結することも「合理的な行動」だといえる。

約款の拘束力

　約款が使われる場合、約款作成者の相手方（以下、相手方という）は個々の契約内容を十分に理解していないことが多い。相手方は契約の中核的な部分（例えば、アプリ利用の基本条件や代金など）には同意があるとみられることが多いとしても、その他の契約内容には意識を向けることがないのが普通である。それにもかかわらず、合意があったことを理由に当事者を拘束することは適切ではない。例えば、「商品に欠陥があっても一切責任を負いません」とする条項が約款に紛れ込んでいた場合、それは、商品の欠陥のリスクを一方的に相手方に負担させるものであって、相手方にとって一方的に不利となる条項である。このような条項が約款で定められていた場合には、当該の約款条項が合理的なものであるかどうかを審査する必要がある。

　日本の裁判所は、相手方が契約の締結時に約款の内容をよく知らなかったとしても、原則として約款の拘束力を認めてきた。そのうえで、約款の作成者が相手方の「合理的な行動」につけ込んで、利益を得るような場合には、公序良俗、信義則、権利濫用などの民法の一般原則によって規制を加えてきた。また、事業者と消費者との間の契約については消費者契約法の不当条項規制が及んでいる（本書❹❿⓰参照）。

民法における「定型約款」の規制

　旅客運送業、電気・ガス・水道、郵便業、旅行業など一定の分野については、これまで主務官庁による約款の認可などによる行政上の約款規制が行われてきた。2017年の民法改正によって、これらの分野にかかわらず、約款による契約について裁判官が事後的に審査するための私法上の根拠が明文化された。以下では、2017年の改正により新たに定められた民法上の、私人間取引における約款取引についての規制を取り上げる。

　⑴　定型約款の定義　民法は、約款のうち、規制の対象となるのが「定型約款」であることを規定した（民548条の2第1項）。「定型取引」とは「ある特定の者が不特定多数の者を相手方として行う取引であって、その内容の全部又は一部が画一的であることがその双方にとって合理的なもの」とされ、この取引において、「契約の内容とすることを目的としてその特定の者により準備された条項の総体」が「定型約款」とされる。例えば、先の例のアプリの利用規約、鉄道・バスの旅客運送約款、電気・ガスの供給約款などがこれに当たる。これに対し、一般

的な事業者間取引で用いられる契約書のひな型は、その内容どおりに契約を締結するかは最終的には当事者間の交渉により決まるため（画一性の欠如）、また、労働契約の就業規則は特定の者を対象としているため（不特定多数者性の欠如）、「定型約款」には当たらない。

（2）定型約款の組入れ　相手方が定型約款を使用することに合意していた場合または約款準備者が「約款を用いる」と相手方に表示し、相手方がこれに異議を述べずに契約を締結した場合には、その個別条項に合意がなくても合意をしたものとみなされ、定型約款が契約の内容に組み入れられる。もっとも、相手方が定型約款の内容に拘束される以上、その内容を確認できないのは問題である。そこで、民法は、定型約款の準備者に対して、合意の前または合意後相当の期間内に相手方から請求があったときは、遅滞なく定型約款の内容を示さなければならないとして、約款の表示を義務づけている（民548条の3第1項）。

（3）定型約款の規制　「定型約款」による契約の内容に相手方を拘束することが妥当でないような場合がある。そのため、個別条項のみなし合意には例外が定められている。定型約款の「条項のうち、相手方の権利を制限し、又は相手方の義務を加重する条項であって、その定型取引の態様及びその実情並びに取引上の社会通念に照らして第1条第2項に規定する基本原則〔信義則〕に反して相手方の利益を一方的に害する」もの（例：売買契約において、購入者に対して、購入した商品に加えて、想定外の別の商品の購入を義務付ける条項）については、合意をしなかったものとみなされる。これにより、不当な内容の条項が契約内容から排除される（先の例でいえば、

購入者は想定外の別の商品を購入する義務を負わなくなる）。

（4）定型約款の変更　民法は、定型約款の変更に関する規定を定めている。例えば、クレジットカードのポイント制度や利用料の算定方法の改定など、継続的な取引では、途中でサービス内容が変更され、それに合わせて「定型約款」の内容も変更する必要が生じることがある。原則として当事者の一方が契約締結後に定型約款の内容を一方的に変更することはできないが、民法は、約款取引の利便性を高めるとの観点から、こうした変更を許容する例外規定を置いている（民548条の4）。

民法による定型約款規制の意義

民法の「定型約款」の規定は、私人間の取引に適用されるものであり、消費者間取引だけでなく、事業者間取引にも適用される。また、消費者契約法の不当条項規制のように、事業者と消費者間の取引である消費者契約に限定されるものでもない（下図参照）。このように消費者契約法だけでなく、民法にも約款（契約）の内容規制のための規定が明文化されたことの意味は、私法上の審査が約款にも及ぶことを明らかにしたことにある。確かに、改正民法の約款に関する規定は、「定型約款」に該当する約款が限定されていることや、定型約款の拘束力を認めるにあたって約款の開示を事前にしなくてもよいことなど、これまでの約款規制に関する議論の展開に照らせば不十分であるとの評価もみられる。しかし、改正民法を通じて、約款に関するルールが民法典に新たに定められ、明文で司法に約款の合理性審査が委ねられたことの意義は大きいといえるだろう。

私人間取引の種類と民法・消費者契約法の適用範囲

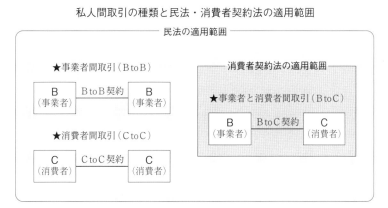

※BはBusiness、CはConsumerの略

10 アパートを借りたら

> 設例　京都の大学に入学することになったAさんは、下宿先を探していたところ、不動産業者の仲介で、Bさんが経営する甲アパートの一室を、期間2年、賃料月額5万円、礼金10万円、敷金30万円で借りることにし、その内容を記載した契約書に署名・押印した。その後、Bさんからアパートの鍵を受け取り、入居した。

1　部屋の備品が壊れたら？

> ■展開例1　入居半年後、部屋に備え付けられていた湯沸し器が故障し、温水が出なくなってしまった。Aさんは、Bさんに修理を求めることができるだろうか。

（1）**賃貸借契約とは？**　このような問題が生じたとき、法的には、AとBが締結した契約に従って処理されることになる。そこで、まずは、2人の間に締結された契約について、基本的な説明をしておこう。

　他人の物を利用するためには、その他人の同意を得なければならない。設例においても、Aが甲アパートに居住するためには、所有者であるBの同意が必要である。したがって、Aは、甲アパートに入居するにあたり、Bとの間で、同室を2年間使わせてもらう代わりに、毎月5万円を支払うとの契約をしているものと考えられる。このように、他人の物を利用する代わりに賃料を支払う旨の契約を、**賃貸借**という（民601条〜622条の2）。賃貸借契約が成立すると、貸主（賃貸人）は、借主（賃借人）に賃貸物を使用収益させる義務を負う。これに対して、賃借人は、使用収益の対価として賃料を支払う義務を負うとともに、契約が終了すれば賃借物の返還義務を負う[1]（民601条）。

　設例では、アパートという建物が賃貸借の目的となっている。土地や建物といった**不動産**は、人が生活していくうえで基盤となるものであり、社会的に非常に重要な意味を有している。そのため、不動産賃貸借については、特別な規制が多い[2]。

（2）**誰が修繕義務を負うのか？**　前述のように、賃貸人は、賃借人に対して、賃貸物を使用収益させる義務を負う。そうすると、賃貸物の一部が破損し、契約上予定された使用収益（例えば、住居としての利用）が妨げられる場合には、賃貸人が当該破損部分を修繕しなければならないと考えられる。そこで、606条1項は、賃借人に帰責事由がないかぎり、「賃貸人は、賃貸物の使用及び収益に必要な修繕をする義務を負う」と規定している（**修繕義務**）。この規定に従うならば、AはBに対して、湯沸し器の修理を求めることができそうである。

　しかしながら、この規定は**任意規定**[3]である。つまり、民法は賃貸人が修繕義務を負うとしているが、当事者は、契約中の合意によって、この修繕義務

→1　契約書
　不動産の賃貸借においては、契約書を交わすのが通常である（資料❶参照）。しかしながら、契約書がなくても、当事者の合意さえあれば、賃貸借契約は法的効力を生じる（民601条）。その意味で、賃貸借契約は、一定の方式を必要としない諸成・不要式の契約である。

→2　不動産賃借権
　他人の土地を利用するための方法としては、賃貸借のほかに、用益物権の設定を受ける方法もある。例えば、他人の土地上に建物を建てようとする場合には、地上権という物権を設定することができる（民265条〜269条の2）。債権である賃借権は、本来、用益物権と比べて弱い権利である。しかしながら、不動産賃借権については、借地借家法などの特別法によって権利の強化が図られており、「賃借権は物権化している」といわれる。

→3　任意規定については本書❺❺11参照。

を減免することや、賃借人に転嫁することができる。特に建物賃貸借においては、何らかの特約がされていることが多い。まずは、契約書に何らかの規定がないかを確認する必要がある（資料❶の標準契約書では、第9条が該当）。

　なお、賃貸人が修繕義務を履行しないために賃借物の一部を使用収益することができなくなった場合には、賃料が減額される（民611条1項）。賃料は、賃借人が実際に賃借物を使用収益できなければ、発生しないと考えられている。それゆえ、一部が使用できなければ、その分の賃料を支払わなくてよいのである。特約がないにもかかわらず、Bが湯沸し器を修理しない場合には、Aは、その分の賃料減額を主張することができる。

2　家主から退去を求められたら？

■展開例2　当初の契約期間が満了する6か月前になって、Bさんが、「賃料を5千円ほど値上げさせてほしい。応じないなら、期間満了後に立ち退いてほしい」と言ってきた。同じ条件で引き続き甲アパートに居住したいと考えているAさんは、Bさんの要求を拒絶することができるだろうか。

（1）**賃貸借の更新**　期間が満了すれば、賃貸借は終了し、賃借人は賃貸人に目的物を返還しなければならない。もっとも、両当事者は、合意により契約を**更新**することができる。また、民法によれば、期間満了後も賃借人が賃借物を使用収益し続け、賃貸人がこれを知りながら異議を述べない場合には、賃貸借が更新されたものと推定される（民619条1項本文）。とはいえ、展開例2では、家主のBが同じ条件で更新に応じるとは考えられないし、仮に期間満了後も住み続ければ、Bが異議を唱えることが予想される。よって、Aは、民法の規定に従うかぎり、甲アパートを退去せざるをえない。

　しかしながら、このような民法の原則は、**借地借家法**という特別法によって、大幅な修正を加えられている。この法律は、他人の土地や建物を借りて生活・事業を営む借地人・借家人を保護するため、借地権（建物の所有を目的とする地上権および土地賃借権）・建物賃借権を様々な形で強化している。同法

➡4　賃貸借の存続期間
　民法は、賃貸借の存続期間を最長50年と定める一方（民604条）、最短期間を定めていない。これに対して、借地借家法は、借地権・建物賃借権の存続を保障するために、最短期間についての規定を設けている。すなわち、借地については、当初30年の存続期間が保障されている（借地借家法3条）。借家については、期間を1年未満とする建物賃貸借は、期間の定めがないものとみなされる（借地借家法29条1項）。なお、上記の民法604条は、建物賃貸借に適用されない（借地借家法29条2項）。

➡5　片面的強行規定
　借地借家法の多くの規定は、強行規定であり、借地人・借家人に不利な特約は無効となる（借地借家法9条・16条・21条・30条・37条）。これに対して、これらの者に有利な特約は認められていることから、「片面的強行規定」とよばれる。

資料❶　賃貸住宅標準契約書（2018年3月版・家賃債務保証業者型）**抜粋**

頭書
(1)賃貸借の目的物（略）
(2)契約期間（略）
(3)賃料等（略）
(4)貸主及び管理業者（略）
(5)借主及び同居人（略）
(6)家賃債務保証業者（略）

（契約の締結）
第1条　貸主（以下「甲」という。）及び借主（以下「乙」という。）は、頭書(1)に記載する賃貸借の目的物（以下「本物件」という。）について、以下の条項により賃貸借契約（以下「本契約」という。）を締結した。
（契約期間及び更新）
第2条　契約期間は、頭書2に記載するとおりとする。
2　甲及び乙は、協議の上、本契約を更新することができる。
（使用目的）
第3条　乙は、居住のみを目的として本物件を使用しなければならない。
（賃料）
第4条　乙は、頭書(3)の記載に従い、賃料を甲に支払わなければならない。
2　1か月に満たない期間の賃料は、1か月を30日として日割計算した額とする。
3　甲及び乙は、次の各号の一に該当する場合には、協議の上、賃料を改定することができる。
一　土地又は建物に対する租税その他の負担の増減により賃料が不相当となった場合
二　土地又は建物の価格の上昇又は低下その他の経済事情の変動により賃料が不相当となった場合

三　近傍同種の建物の賃料に比較して賃料が不相当となった場合
（敷金）
第6条　乙は、本契約から生じる債務の担保として、頭書(3)に記載する敷金を甲に交付するものとする。
2　甲は、乙が本契約から生じる債務を履行しないときは、敷金をその債務の弁済に充てることができる。この場合において、乙は、本物件を明け渡すまでの間、敷金をもって当該債務の弁済に充てることを請求することができない。
3　甲は、本物件の明渡しがあったときは、遅滞なく、敷金の全額を乙に返還しなければならない。ただし、本物件の明渡し時に、賃料の滞納、第15条に規定する原状回復に要する費用の未払いその他本契約から生じる乙の債務の不履行が存在する場合には、甲は、当該債務の額を敷金から差し引いた額を乙に返還するものとする。
4　前項ただし書の場合には、甲は、敷金から差し引く債務の額の内訳を乙に明示しなければならない。
（契約期間中の修繕）
第9条　甲は、乙が本物件を使用するために必要な修繕を行わなければならない。この場合の修繕に要する費用については、乙の責めに帰すべき事由により必要となったものは乙が負担し、その他のものは甲が負担するものとする。
2　前項の規定に基づき甲が修繕を行う場合は、甲は、あらかじめ、その旨を乙に通知しなければならない。この場合において、乙は、正当な理由がある場合を除き、当該修繕の実施を拒否することができない。
3　乙は、本物件内に修繕を要する箇所を発見したときは、甲にその旨を通知し修繕の必要について協議するものとする。
4　前項の規定による通知が行われた場合において、修繕の必要が認められるにもかかわらず、甲が正当な理由なく修

繕を実施しないときは、乙は自ら修繕を行うことができる。この場合の修繕に要する費用については、第1項に準ずる。
5　乙は、別表第4（略）に掲げる修繕について、第1項に基づき甲に修繕を請求するほか、自ら行うことができる。乙が自ら修繕を行う場合においては、修繕に要する費用は乙が負担するものとし、甲への通知及び甲の承認を要しない。
（一部滅失等による賃料の減額等）
第12条　本物件の一部が滅失その他の事由により使用できなくなった場合において、それが乙の責めに帰することができない事由によるものであるときは、賃料は、その使用できなくなった部分の割合に応じて、減額されるものとする。この場合において、甲及び乙は、減額の程度、期間その他必要な事項について協議するものとする。
2　本物件の一部が滅失その他の事由により使用できなくなった場合において、残存する部分のみでは乙が賃借をした目的を達することができないときは、乙は、本契約を解除することができる。
（契約の終了）
第13条　本契約は、本物件の全部が滅失その他の事由により使用できなくなった場合には、これによって終了する。
（明渡し時の原状回復）
第15条　乙は、通常の使用に伴い生じた本物件の損耗及び本物件の経年変化を除き、本物件を原状回復しなければならない。ただし、乙の責めに帰することができない事由により生じたものについては、原状回復を要しない。
2　甲及び乙は、本物件の明渡し時において、契約時に特約で定めた場合は当該特約を含め、別表第5（略）の規定に基づき乙が行う原状回復の内容及び方法について協議するものとする。

は、これらの権利の存続を保障するため、法定更新制度を置いている。借家については、期間の定めがある場合には、当事者が期間満了の1年前から6か月前までの間に相手方に対して更新しない旨の通知をしないかぎり、同一条件で契約を更新したものとみなされる➡6（借地借家法26条1項）。展開例2においては、Bが立ち退きを要求しているのが期間満了の6か月前であり、法定の期間内に更新拒絶通知がされている。

　もっとも、建物賃貸人が更新拒絶通知をするには、**正当事由**が必要とされている。正当事由の有無は、両当事者の建物使用の必要性のほか、従前の契約の経過、建物の利用状況、建物の現況、立退料の提供も考慮して決まる（同法28条）。賃料額の相当性も、従前の経過として考慮されうる。しかしながら、主たる判断基準は、あくまで建物使用の必要性であり、その他の事情は補完的に考慮されるにすぎない。展開例2においては、賃貸アパートを自ら使用する必要性がBに認められることはなく、特別な事情がないかぎり、更新拒絶に正当事由があるとはいえない。したがって、Bが同意しない場合でも、契約は自動的に更新され、Aは引き続き甲アパートに居住することができる。

　(2)　**賃料の増額請求**　　さて、Bは、賃料の増額も要求している。Aは、このような請求に応じなければならないのだろうか。借家契約が長期にわたると、経済事情の変動などにより、当初合意された賃料が不相当となる場合がある。そこで、借地借家法は、公租公課の増減や価格その他の経済事情の変動により、または近傍同種の建物の借賃に比較して、約定された賃料が不相当となった場合に、賃料の増減を請求する権利を当事者双方に認めている（同法32条1項。借地については11条が同種の規定を置いている）。この権利は、一方的意思表示によって行使される**形成権**➡7であり、請求の意思表示が相手方に到達したときから、増減の効力を生じる。もっとも、増額請求を受けた賃借人は、直ちに請求された額を支払わなければならないというわけではなく、当事者間に協議が調わないときは、増額を正当とする裁判が確定するまでは、相当と認める額の賃料を支払えばよく➡8、裁判確定後に不足額があれば、年1割による支払期後の利息を付して支払わなければならないとされている➡9（同法32条2項。減額請求の場合については同条3項を参照）。

3　更新料の支払を求められたら？

■展開例3　AさんとBさんは、契約を2年間更新することで合意した。契約書には、「契約を更新する場合、AはBに、更新料として賃料2か月分を支払わなければならない」と書かれていた。Aさんは、この更新料を支払わなければならないのだろうか。

　(1)　**賃料以外の金銭的負担**　　民法601条は、賃貸借契約において賃借人が支払うべき対価として、賃料のみを挙げており、その他の金銭の授受を規定していない（敷金については、後述）。ところが、不動産の賃貸借では、通常、賃借人に、月払賃料以外にも様々な金銭的負担が要求される。まず、契約締結時に支払を求められる金銭として、**権利金**がある。これは、「礼金」とよばれることも多い（設例を参照）。権利金の性質は、個別の契約に応じて様々であり、その性格付けは、必ずしも容易ではない。ただ、設例のような居住用建物の場合にも当てはまりうる性格付けとしては、賃料の一部につい

ての一括前払、または賃料とは区別された賃借権そのものの対価といったものが挙げられる。このような権利金や後述する敷金の性質を有するものとして、「保証金」とよばれる金銭が授受されることもある。

　これら契約締結時に支払われる金銭と異なり、契約の更新に際して支払われるのが、**更新料**である。更新料の支払については、更新の際に当事者間で合意されることもあるが、アパート等の賃貸借契約であれば、設例のように、更新料支払条項が当初の契約に組み入れられていることが多い。更新料の授受は、東京周辺や京都において広く行われてきた。アパート等の更新料は、一般に、毎月支払われる賃料の補充ないし前払、賃貸借契約を継続するための対価などの趣旨を含む複合的な性質を有するものとされる。

　(2)　**更新料支払条項は有効か？**　　契約で更新料の支払が定められていれば、それに従わなければならないのが原則である。しかしながら、更新料支払条項については、**消費者契約法**10条に照らして無効となるのではないかが争われた（賃貸を事業とする家主と事業目的でない個人賃借人との間の賃貸借契約は、消費者契約である）。当該の条項が無効であれば、Aは、Bに更新料を支払わなくてもよいことになるからである。

　消費者契約法10条（同8条～9条も）は、契約の目的となる物や対価についての合意を除く、付随的な契約条項（例えば、事業者が適切に契約を履行しなくても責任を負わないとする条項など）をコントロールするための規定である。そのような条項は、通常、事業者側によって一方的に定められ、消費者が契約締結に際して十分に注意しているとはいえないため、消費者にとって不利な内容となることが多い。そこで、不当な条項の効力を否定するために、特別な規定が設けられているのである。

　消費者契約法10条がこのような趣旨の規定であるとすると、先に述べたように、ある意味で対価としての性質を有する更新料は、この規定の適用対象外ではないかとも考えられる。しかしながら、判例は、更新料も賃料そのものではないことから、更新料支払条項も10条の適用対象になりうるとしてい

➡10　消費者契約法10条
　消費者の不作為をもって当該消費者が新たな消費者契約の申込み又はその承諾の意思表示をしたものとみなす条項その他の法令中の公の秩序に関しない規定の適用による場合に比して消費者の権利を制限し又は消費者の義務を加重する消費者契約の条項であって、民法第1条第2項に規定する基本原則に反して消費者の利益を一方的に害するものは、無効とする。消費者契約法の意義については、本書❹を参照。

- -

資料❶解説

　資料❶に見られるような賃貸借契約書の条項が定型約款（特集コラムを参照）に該当するかは、当該契約が定型取引といえるかによる。大規模な賃貸マンション等の賃貸借契約であれば、取引内容を画一化することが当事者双方にとって合理的であると評価することができ、定型取引に該当しうる。これに対し、小規模な建物の賃貸借については、画一化な取引内容が当事者双方にとって合理的であるとは認められず、定型取引に当たらない場合が多いだろう。

資料❷　本章で扱う諸法令の関係

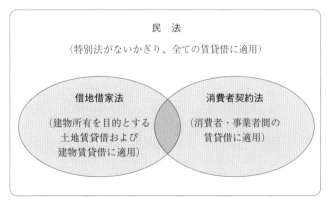

る。そのうえで、更新料支払条項を一律に無効とすることはせず、条項自体が明確であるか、また更新料の額が適正であるかといった観点から、個々の事例ごとに効力を判断する姿勢を示している（最高裁では、更新料の額を賃料の２か月分とし、更新される期間を１年とする条項が、有効とされている。このような判断例に照らすと、展開例３でも、更新料支払条項を無効ということは難しいだろう）。

4　契約が終了したら──原状回復義務、敷金の返還

■展開例４　大学卒業を迎えたＡさんは、甲アパートを引き払うことにした。荷物を搬出した後にＡさんが改めて室内を見渡すと、冷蔵庫を設置していた箇所の壁紙が黒ずんでいた。また、居室の壁には、友達と飲み会をした際にふざけて開けてしまった穴が残っていた。

（1）**原状回復義務**　契約が終了すれば、Ａは、Ｂに部屋を返還しなければならない。もっとも、展開例４では、部屋に損傷が生じている。Ａは、これらを修復しなければならないのだろうか。

このような問題を処理するために、民法は、賃借人の**原状回復義務**について規定を設けている（民621条）。それによれば、賃借物に受取り後に生じた損傷がある場合において、契約が終了したときは、賃借人は、自己に帰責事由がない場合を除き、当該損傷を元の状態に復旧しなければならない。もっとも、ここにいう損傷には、通常の使用収益による損耗や経年劣化（以下、あわせて「通常損耗等」という）は含まれない。賃貸人には賃借物を使用収益させる義務がある以上、通常損耗等は、賃貸人の負担となる。以上によれば、展開例４においてＡは、壁紙の黒ずみを除去する必要はないものの、壁の穴の修理は負担しなければならない。[11]

■展開例５　Ａさんは、契約終了に伴い、Ｂさんから敷金30万円の返還を受けたいと考えている。しかしながら、契約書には、敷金の内15万円を返還しない旨の定めがある。

（2）**敷金の返還請求はできるか？**　賃貸借契約の終了に際しては、このほかに、敷金の返還が問題となる。不動産賃貸借においては、展開例５のように、契約時に賃借人から賃貸人に対して、**敷金**が交付されることが多い。[12]敷金は、賃料債務その他の賃貸借に基づいて生ずる賃借人の賃貸人に対する金銭債務を担保することを目的とする。賃借人に延滞賃料などがあれば、敷金がそれに充当される反面、充当すべき債務がなければ、敷金は賃借人に返還されなければならない（民622条の２第１項柱書）。

それでは、Ａは、いつから敷金の返還を求めることができるのか。敷金は、契約終了後を含め、賃借物の明渡しまでに生じた一切の債務を担保する。契約終了から明渡しまでに期間が空いた場合、その間の賃料相当額の損害金も、敷金の充当対象となる。したがって、賃借人が敷金の返還を受けることができるのは、賃借物を明け渡した後である（民622条の２第１項１号）。

（3）**敷引条項は有効か？**　以上が、賃貸借契約終了後の処理についての、民法が予定する原則である。しかしながら、これらの原則に対しても、特約によって修正が加えられることがある。すなわち、通常損耗等についても賃借人に補修費用を負担させる旨の契約条項や、展開例５のように、敷金

のうちの一定金額ないし一定割合を返還しない旨の条項が使用されることがある。後者は、**敷引き**とよばれ、とりわけ京阪神地方で行われてきた取引慣行である。敷引きにも、一般に、通常損耗等の補修費用を賃借人に負担させる趣旨が含まれているとされる。これらの条項についても、その有効性が問題となった。

　まず、通常損耗等についても賃借人に補修費用を負担させる旨の条項について、最高裁の裁判例には、条項の適正さを判断する以前に、そもそも条項が成立しているのかというレベルで、問題を処理したものがある。[13]それによれば、賃借人にそのような負担が課されるためには、賃借人が補修費用を負担することになる通常損耗等の範囲が賃貸借契約の条項自体に具体的に記載されているなど、明確な特約が必要であり、通常損耗等の補修を賃借人が負担すること、また負担する範囲などが、契約書等から一義的に明らかでない場合には、条項がそもそも契約内容にならず、賃借人がこれに拘束されることはないとされる。立場の弱い賃借人に不利な特約をするには、賃借人がその内容を認識しうるよう、明確な合意によらなければならない、としているのである。

　もっとも、敷引条項にも同じことがいえるわけでない。敷引きの場合には、通常、返還されない金額が明確であり、更新料などと同様に、賃借人は契約締結に際して自己の負担を容易に計算することができる。そのため、上述の裁判例のように条項が成立していないということは、困難である。

　そこで、さらに、消費者契約法10条により敷引条項が無効となるかが、問題とされた。判例は、更新料支払条項についてと同様に、敷引条項の有効性を一律に判断することはせず、補修費用として想定される額や賃料額と比較して、敷引金が高額すぎるというのでなければ、無効にはならないとしている（実際の裁判例においては、月額賃料額の3.5倍程度の敷引額であっても、有効とされている）。このような判例によれば、Aが敷引きの無効を主張することは、簡単ではない。

→13　契約の効力
　契約の効力を判断する際には、そもそも契約が存在するのかという契約成立の問題と、成立している契約が法的効力を承認しうるものかという契約の有効性の問題とが区別される。

自然災害と借家契約

　地震や台風といった自然災害の頻発する日本列島においては、天災によって家屋が甚大な被害を受けることも珍しくない。それでは、借家が被災した場合には、法律上、どのように扱われるのだろうか。

　まず、建物が完全に倒壊するなど、賃借物の全部が滅失その他の事由により使用収益をすることができなくなった場合には、もはや賃料を支払う必要もなく、契約を存続させる意味がないので、賃貸借契約は当然に終了する（民616条の2）。解除の手続は、必要ない。また、契約が終了する以上、敷金の返還も問題となる。判例には、阪神・淡路大震災により家屋が倒壊したという事案において、敷引条項の適用を認めず、敷金の返還を認めたものがある。

　次に、地震で壁に亀裂が生じたなど、被災したものの、なお住めないことはないという場合は、どうであろうか。この場合には、原則として、賃貸人が修繕義務を負うので、借家人は、損壊箇所の修理を請求することができる。また、賃貸人が契約の終了や解除を通告してきたとしても、法的な根拠はなく、これに応じる必要はない。もっとも、新造と同じくらいの費用がかかるなど、賃料額に比して過大な費用を要する修繕については、賃貸人は義務を負わないと考えられている。さらに、建物の損壊は、「建物の現況」として、借地借家法28条における正当事由の判断において考慮される。とりわけ、再度被災すれば倒壊する危険が高いなどの事情があれば、建物使用の必要性を問うことなく、直ちに正当事由ありとされ、更新拒絶や解約が認められる可能性がある。

　このように、借家が被災した場合の法的処理は、被害の程度によって異なる。まずは、被害状況を把握することが重要である。

11 親が家を新築したら

> **設例** Aさんは、会社員の父Fさん、専業主婦の母と中学生の妹の4人家族で、古いマンションに住んでいたが、手狭になったので、一戸建てを新築することにした。そこで、B社から宅地を購入し、家の設計・建築もB社に頼んだ。

1 土地所有権は、いつ、どのような行為によって移転するか？

> ■展開例1　5月1日にFさんはB社と土地売買契約を締結し、その際にFさんは手付金として200万円をB社に支払った。7月1日にFさんの取引銀行の本店で、Fさんが残代金1800万円をB社の銀行口座に振り込み、B社が土地の所有権移転登記に必要な書類をFさんに交付した。

　展開例1では、売買契約の締結、手付金の交付、代金の支払、登記書類の交付などのいくつかの場面があるが、いつの時点でB社からFに所有権が移転することになるのであろうか。日本民法は、フランス民法に倣って、所有権移転は当事者の意思表示のみによって生じて、特別の方式を必要としない立場を取っている（民176条）。判例も、この意思主義の立場に従い、所有権移転時期に関する当事者の特約があればそれによるが、それがない場合は原則として契約締結時に所有権が移転すると解している。展開例1では、所有権移転時期についての特約がないため、契約締結時の5月1日にBの土地所有権がFに移転する。なお、判例に対して、契約を締結するだけで所有権が移転するというのは現実の不動産取引における当事者の意思に反すると批判し、契約締結後に行われる代金支払、登記または引渡しの時点で所有権が移転するとする学説が主張されている。

2 登記をすることがなぜ重要なのか？

> ■展開例2　B社から土地の所有権移転登記に必要な書類を受けて、2か月後にFさんが登記手続をしようとしたところ、いつのまにか登記名義がB社からDさんに変わっていた。調べてみると、B社がより有利な条件で別の買主Dに土地を二重売買したということが判明した。

　(1) 不動産登記とは　不動産登記とは、不動産の所在地や面積などの基本情報と、その不動産上の権利の種類と権利者の氏名・住所などを、1筆の土地または1個の建物ごとに作成される登記簿に記録することをいう。登記記録は、表題部と権利部に区分して作成される。表題部にする登記を「表示の登記」といい、土地または建物の物理的現状を明らかにするものである。権利部にする登記を「権利の登記」といい、不動産の権利の所在・状態

補足注（左欄）

➡1 手付金
　これは原則として解約手付と推定される。解約手付が交付された場合、当事者の一方が「履行に着手」するまでは、買主は手付を放棄することで、売主は倍返しすることによって契約を解除することができる（民557条1項）。

➡2 意思主義と形式主義
　所有権の移転の仕方について、2つの立法例がある。1つは、フランス民法に由来する**意思主義**とよばれるものである。所有権は当事者の意思表示のみによって移転し、登記などの形式は必要ではない。もう1つは、ドイツ民法に由来する**形式主義**とよばれるものである。所有権が移転するためには当事者の意思表示だけでは足りず、登記などの形式を備える必要がある。

➡3 登記簿
　2004年の不動産登記法の改正により、登記簿は全面的に電子媒体へと移行し、それに伴い、登記簿は登記記録とよばれるようになり、以前のような土地登記簿と建物登記簿の区別はなくなった。

➡4 物的編成主義
　土地・建物を単位として不動産を編成する方式は物的編成主義とよばれている。日本の不動産登記がこれを採用している。それに対して、不動産譲渡契約書などをそのまま綴り込んでいく形式の年代別編成主義と、それに人名索引を備えた人的編成主義がある。

を明らかにするものである。また、権利部は甲区と乙区に区分され、所有権に関する事項は甲区に、所有権以外の権利に関する事項は乙区にそれぞれ記録される（**資料❶**参照）。

不動産登記を申請する際には、①申請情報、②添付情報（登記原因を証する情報、展開例2では売買契約である）、③登記識別情報[5]を法務局に提供して行われる。2004年の法改正により、インターネットを利用したオンライン申請の手続が導入され、登記所に行かなくても、パソコンを使って登記申請ができるようになった。従来どおり、登記所の窓口での申請や、郵送による申請も可能である。なお、不動産登記の手続は、複雑で必要な書類を整えるのにも手間がかかるので、通常は、司法書士に依頼することが多い[6]。

（2）登記がなければ権利を主張することができない　1で説明したように、所有権は原則として契約締結時に移転する。しかし、そのことは当事者以外は必ずしも認識できないため、所有権の移転が外部からでも認識できるしくみを用意しないと、第三者が不測の損害を被るおそれがある。そこで、民法は土地・建物など不動産については登記をしなければ所有権移転を一定の第三者に主張できないと定めている（これを対抗要件主義という。民177条）。民法はこのようなシステムで当事者に対して登記をすることを促進し、実際の物権変動を登記簿に反映させている。

展開例2では、父Fが土地を購入したにもかかわらず、登記名義を売主B社のままにしている間に、同じ土地が第三者Dに売却され、登記名義がDに移転すると、Fは自分が先に所有権を取得したことをDに対して主張できなくなる。その結果、Fは土地所有権を取得できず、売主の責めに帰すべき事由による債務不履行として、Bに損害賠償を請求することになる（民415条）。

なお、Dがまだ登記をしていない場合、判例・通説によれば、FもDも互いに相手に対して自己の所有権の取得を主張できない。所有権の確認や所有権に基づくF・D間の主張は、いずれかが登記を備えて優劣の決着がつくまではいずれも棄却される。

→5　登記識別情報
登記名義人に対して発行されるアラビア数字その他の符合の組合せからなる12桁の符号である。登記名義人が登記を申請する場合において、当該登記名義人自らが当該登記を申請していることを確認するために用いられる。

→6　司法書士
司法書士とは、申請人を代理して不動産登記申請を行う登記手続の専門家である。

資料❶　登記事項証明書（土地）／登記記録（土地）

表　題　部（土地の表示）	調製	余白		不動産番号	●●●●ＸＸＸＸＸＸＸＸＸ
地図番号	余白	筆界特定	余白		

京都市北区上賀茂蓮池町9－3　　　　全部事項証明書　　（土地）

所　在	京都市北区上賀茂蓮池町9番地3		余白	
① 地　番	② 地　目	③ 地　積　㎡		原因及びその日付〔登記の日付〕
9番3	雑種地	130		9番1から分筆〔令和3年12月28日〕
余白	宅　地	130 92		②③令和4年4月21日地目変更〔令和4年4月24日〕

権　利　部（甲区）（所有権に関する事項）			
順位番号	登記の目的	受付年月日・受付番号	権利者その他の事項
1	所有権移転	令和4年1月11日第999号	原因　令和4年1月11日売買 所有者　京都市東山区祇園三丁目396番地1 　　　　株式会社　祇園不動産
2	所有権移転	令和4年7月1日第9997号	原因　令和4年7月1日売買 所有者　京都市伏見区伏見町100番地15 　　　　堀　川　太　郎

権　利　部（乙区）（所有権以外の権利に関する事項）			
順位番号	登記の目的	受付年月日・受付番号	権利者その他の事項
1	抵当権設定	令和4年7月1日第15158号	原因　令和4年7月1日金銭消費貸借同日設定 債権額　金2,100万円 利息　年3.9％（年365日日割り計算） 損害金　年14.6％（　〃　） 債務者　京都市伏見区伏見町100番地15 　　　　堀川太郎 抵当権者　京都市中京区西ノ京明星町4番地25 　　　　　株式会社　みやび銀行

※下線のあるものは抹消事項であることを示す。

以上のように、登記は、複数の不動産所有権移転が競合する場合に優劣を決める非常に重要なものであるため、実際の不動産売買においては、代金完済時に不動産登記を行うのが一般的である。

(3) **177条の第三者の範囲**　以上の内容について、1つ注意してほしいのは、判例によれば、177条の第三者とは、当事者およびその包括承継人（相続人など）以外の者で、登記の欠缺を主張する正当の利益を有する者であると解されていることである。すなわち、展開例2のDのような不動産取得者のほか、差押債権者・仮差押債権者・不動産賃借人などが177条の第三者に当たる。これらの者に対しては、Fは登記がなければ自分が所有権者であることを主張できない。これに対して、不法行為者・不法占有者・無権利者などは177条の第三者に当たらない。また、Dが土地所有権がFに移転した事実を知りつつ、その移転登記がされていないことを良いことに、Fにそれを高値で転売する目的で登記をしたような場合は、Dは信義に反する背信的悪意者であり、177条の第三者に当たらない。これらの者に対しては、Fは、登記がなくても自分が所有権者であることを主張できる。

3　家の新築資金を借りたいが、どうすればいいの？

■展開例3　Aさん一家は家の新築に着手した。しかし、家の新築には多額の資金が必要なため、Aさん一家は土地を担保に、住宅ローンを組んで資金を借りたいと考えている。

(1) **住宅ローンとは**　住宅ローンとは、住宅の新築・改築などの目的のために、銀行その他の金融機関から融資を受けることである。融資は、大きく公的融資と民間融資に分かれる。公的融資は条件や資格は厳しいが、金利は安い。民間融資は、条件や資格は緩やかだが、金利が高い。

住宅ローンを組むとき、A一家はまず銀行へ申込みをしなければならない。銀行が自行の融資基準に照らして、一家の主たる収入を稼いでいる者（本設例の場合は父F）の収入や借金を含む資産状況を考慮してその返済能力を判断し、融資して大丈夫か、いくらまで融資できるかを審査する。審査が通った場合、Fは、銀行と**金銭消費貸借契約**（本書❽参照）を締結し、資金を受け取ることができる。

(2) **住宅ローンの担保**　住宅ローンを借りる際に、銀行からは担保を求められる。担保というのは、父Fが借金を返済することができない場合に、銀行が貸した金の回収を確実にするための手段である。住宅ローンの担保には、大きく分けて2種類ある。1つは抵当権で、もう1つは保証人である。公的融資の場合には、抵当権だけを要求されるが、民間融資の場合には、抵当権と保証人の両方が要求されるのが通常である。以下、抵当権について説明することとしよう（保証人に関しては、本書❽参照）。

抵当権とは、債務者などが所有する不動産から債権者が他の債権者に優先して貸金の回収を図ることができる権利である（民369条1項）（資料❷参照）。抵当権を設定するためには、「抵当権設定契約」が必要であるが、これは住宅ローンを借りる際に締結する金銭消費貸借契約と合わせて結ばれる。抵当権はFの土地に設定し、土地の所有者Fが抵当権設定者であり、債権者である銀行が抵当権者である。抵当権を第三者に対して主張するためには抵当権

→7　**金融機関の種類**
　銀行その他の金融機関の中には、都市銀行、地方銀行、ゆうちょ銀行、信用金庫、信用組合、住宅金融公庫等が含まれる。本文では単純化するため、以下、都市銀行から借りることにして、単に銀行という。

→8　**融　資**
　「融資」とは、資金を融通すること、つまりお金の貸し借りを貸す側から表現する言葉である。

→9　**第三者の意味**
　第三者とは、抵当権の法律関係につき当事者（本設例においては銀行やF）およびその包括承継人（相続人など）以外の者をいう。

の設定登記が必要であり（民177条）、住宅ローンを借りる場合には、抵当権の登記がされることが多い。

抵当権は、抵当権の設定後も所有者が引き続き抵当目的物を使用できる担保物権なので、A一家は、抵当権を設定しても、土地を利用し続けることができる。そして父Fがローンを完済（弁済）した場合には、抵当権は自動的に消滅する。しかし、ローンを完済できなければ、抵当不動産が競売され、銀行はその売却代金から他の債権者に優先して貸金の回収を図ることになる。[10]

（3）住宅ローンの保険　住宅ローンは長期間におよぶ場合が多く、ローン完済前に、債務者が事故や病気で亡くなってしまうこともある。そうなると銀行も貸金の回収が困難になる。こうした危険に対処する方法として保険がある。

住宅ローンの保険の典型は団体信用生命保険である。団体信用生命保険とは、債務者が病気や事故で死んだり重度障害になってローンの支払ができなくなった場合に、それを肩代わりしてくれる保険で、通称「団信」とよばれている。この場合は、銀行が保険契約者・保険金受取人、父Fが被保険者となる。保険料を払うのは銀行であるが、実質的にはFが負担する。保険金額はローンの残高と同額で、Fが死亡した場合などの保険金はローンの残債務に充てられるため、借金がなくなる（資料❸参照）。

もう1つは、火災保険である。火災保険とは、建物の火災によって生じる損害を埋め合わせる保険である。この場合は、建物所有者となるFが保険契約者・保険金受取人である。火災で支払われる保険金が住宅ローンの返済に充てられるよう、銀行は、Fの保険金請求権の上に**債権質**を設定する。質権が設定されると、火事や災害で建物が全焼・全壊してしまっても、保険金は住宅ローンの残債務に充てられるため、借金がなくなる（資料❹参照）。

→10　共同抵当
抵当権が土地のみに設定され、その後地上に建物が建てられた場合は、土地だけを競売すると、土地と建物が別の所有者に帰属することになる。そのため、債権者は新築した建物にも共同抵当権（民392条）を設定させて、競売するときには土地と建物の両方をまとめて売るのが普通である。

→11　債権質
債権者が債務者に帰属する債権から、他の債権者に優先して債権の回収を図る担保物権の一種である（民362条）。債権質を設定する場合は、質権設定者が第三債務者に質権の設定を通知し、または第三債務者がこれを承諾しなければ、第三債務者その他の第三者に対抗することができない（民364条）から、債権質を設定する場合は、Fの通知か保険会社の承諾が必要である。

(2) 登記事項証明書（建物）

京都市北区上賀茂蓮池町9−3　　　　　　　全部事項証明書　　　　（建物）

表　題　部	（主である建物の表示）	調製	余白		不動産番号	●●●●XXXXXXXXX
所在図番号	余白					
所　在	京都市北区上賀茂蓮池町9番地3				余白	
家屋番号	9番3				余白	

① 種　類	② 構　造	③ 床　面　積　㎡	原因及びその日付〔登記の日付〕
居　宅	木造スレートぶき2階建	1階　50　48 2階　44　71	令和4年10月1日新築 〔令和4年10月4日〕

所　有　者　京都市北区上賀茂蓮池町9番地3　堀川太郎

権　利　部	（甲区）（所有権に関する事項）		
順位番号	登記の目的	受付年月日・受付番号	権利者その他の事項
1	所有権保存	令和4年10月17日 第20198号	所有者　京都市北区上賀茂蓮池町9番地3 堀川太郎

権　利　部	（乙区）（所有権以外の権利に関する事項）		
順位番号	登記の目的	受付年月日・受付番号	権利者その他の事項
1	抵当権設定	令和4年10月17日 第20199号	原因　令和4年7月1日金銭消費貸借令和4年 　　10月17日設定 債権額　金2,100万円 利息　年3.9％（年365日日割り計算） 損害金　年14.6％（年365日日割り計算） 債務者　京都市北区上賀茂蓮池町9番地3 　　堀川太郎 抵当権者　京都市中京区西ノ京明星町4番地25 　　株式会社 みやび銀行 共同担保　目録（あ）第××××号

※下線のあるものは抹消事項であることを示す。

4 家が注文したとおりの仕上がりでなかったら？

■展開例4　Aさん一家が新居に引っ越して1か月後に、1階リビングのサッシの上部の天井から雨漏りがして、40万円相当のイタリア製のソファーに修繕できないシミができてしまった。

(1)　**新築の家を注文するということの意味**　設例では、父FとB社の間で、建物の建築を内容とする請負契約（民632条～642条）が結ばれている。Fは注文者であり、Bは請負人である。請負契約は当事者の合意だけで効力が生じる諾成契約（本書❹⇒2参照）であり、契約書は不可欠ではないが、金額も大きく仕事内容も複雑な建物建築の請負契約では、通常、紛争の予防のために詳細な契約書が作られる。実際には、業者があらかじめ作成した定型的な契約書式としての約款、なかでも民間連合協定工事請負契約約款が用いられることが多い。建物建築の請負契約が締結されると、請負人は、注文どおりの家を建てて注文者に引き渡す義務を負い、注文者は引渡しと引き換えに報酬（＝請負代金）を支払う義務を負う。

(2)　**注文者は請負人にどのような主張ができるか**　契約に細かい定めがなくても雨露をしのげることは住宅としての最低限の性能であるから、雨漏りのする家は品質に関して「契約の内容に適合しない」ものである（契約不適合という）。請負契約において注文者の有する救済手段については、請負契約が有償契約であることから、売買契約において定められている契約不適合の規定が請負契約において準用される（民559条）。注文者は請負人に対し、①追完請求（民562条・559条）、②報酬減額請求（民563条・559条）、③損害賠償請求（民564条・415条・559条）、④契約解除（民564条・541条・542条・559条）を自由に選択して行うことができる。（もっとも、追完請求には、一定の制限がある〔民412条の2第1項参照〕）。

　具体的には、まず、①Fは雨漏りの修理をB社に請求することができる（追完請求）。次に②Fが相当の期間を定めてBに対して修補の催告をし、その期間内に修補がなされなかったときは、Fは、その不適合の程度に応じてBに報酬の減額を請求することができる（報酬減額請求）。③また、修補をBに頼むかどうかにかかわりなく、契約不適合によってFが被ったといえる損害の範囲内では、FはBに損害賠償を請求できる。イタリア製ソファーの買い替えに要する40万円も賠償の対象となるほか、修補期間中也に仮住いが必要であればその費用や、専門家に原因を調べてもらうための費用なども損害として認められる（損害賠償請求）。さらに、悪質な手抜き工事などで精神的なショックを受けた場合には、慰謝料請求という形で賠償請求が認められる可能性もある。最後に、④Fは一定の場合において、Bとの契約をなかったことにすることもできる（契約解除）。次の(3)でこの契約解除について説明する。

(3)　**契約をなかったことにはできないか**　雨漏りする建物を建てるようなB社は全く信頼できないから、父Fとしては、Bとの契約をなかったことにして、欠陥住宅を取り壊してもらい、支払った代金を取り戻したいと考えたとしよう。改正前民法635条ただし書では、請負契約についてはそうした原状回復は否定されていたが、同規定は削除された。現在では、展開例4の雨漏りがもし建物の基本構造上の問題に由来し、建て替えなければならない

ほど重大な瑕疵であれば、注文者は、相当の期間を定めて修補の履行の催告をし、その期間内に請負人の履行がなければ、請負人との契約をなかったことにして、欠陥住宅を取り壊してもらい、支払った代金を取り戻すことができることになった。

(4) **契約不適合の原因が注文者によって生じた場合**　もっとも、注文者の供した材料の性質または注文者の与えた指図によって契約不適合が生じた場合は、注文者は上記(2)で示した4つの請求をすることができない（民636条本文）。ただし、請負人がその材料または指図が不適当であることを知りながら注文者に告げなかったときは、注文者は依然として上記(2)で示した4つの請求をすることができる（民636条ただし書）。

(5) **契約不適合責任の存続期間**　1つ注意しなければならないのは、注文者は、請負人に対していつまでも責任の追及ができるわけではないことである。注文者は不適合を知った時から1年以内に、不適合の種類と範囲を請負人に通知しなければならない。通知しないと、注文者は上記4つの権利を失う（民637条1項）。これは、契約に適合した履行をしたという請負人の期待を保護するための規定である。もっとも、請負人が引渡し時にその不適合を知っていた（悪意）、あるいは重大な過失によってその不適合を知ることができなかった場合は、請負人の期待の保護は必要ではないため、注文者は、通知をしなくても権利を失わない（同条2項）。

　次に、通知によって保存された注文者の権利は債権の一般的な消滅時効に服する（民166条）。すなわち、注文者は不適合を知ったときから5年間、または建物の引渡しを受けた時から10年間行使しないときは、上記の権利は時効によって消滅する。なお新築住宅の構造耐力上主要な部分などに欠陥がある場合は、売主や請負人は10年間契約責任を負う旨の特別の規定がある（品確法94条以下。本書❸17頁コラム参照）。それに従うと、住宅の引渡し時から10年間、FはB社の責任を追及できることになる。

- -

資料❷　住宅ローンの抵当権設定

資料❸　住宅ローンの団体信用生命保険

資料❹　住宅ローンの火災保険

12 ある友達の「結婚」

設例　Aさんは、幼なじみの鈴木B子さんの結婚が決まったと聞き、久しぶりにB子さんに会いに行った。B子さんは、短大を卒業後、保険会社で働いており、仕事はずっと続けたいのだそうだ。また、B子さんも結婚相手も、今の姓を使い続けるつもりだと言う。

1　「婚姻」とは？

■展開例1　B子さん達は、お互いの姓を変えなくてすむように、婚姻届は出さずに結婚するのだそうだ。「婚姻」と「結婚」は違うのだろうか？

　(1)「婚姻届」を出さずに「結婚」？　結婚といえば、華やかな結婚式、新居、そして私の結婚の相手はどんな人に？……と、若い未婚の読者は思いを巡らせるかもしれない。B子も、ウェディングドレスを着て祝福され、新郎との新しい生活に入るのだろう。

　しかし、そういったことを伴う「結婚」は、婚姻の**届出**をするかしないかとは直接には関係がない。「結婚」と「婚姻」は、何が違うのだろうか。

　「結婚」は、単に男女が夫婦となることを意味する一般的な言葉だが、「婚姻」は法律用語であり、婚姻届を出さないかぎり婚姻したことにはならない。「結婚」は、届出の有無と直接の関係はなく、社会において夫婦としての生活を始めることが広く含まれうる。B子が新郎と新婚生活に入ればもちろん「結婚」したといえるが、婚姻届を出さないのであれば、生活の実態に違いはなくても「婚姻」したことにはならないのである。

　(2)　婚姻が認められる条件（婚姻の要件）　このように婚姻は、カップルが結婚式を挙げることで成り立つものではない。婚姻は国の制度であり、国が夫婦として認めた関係について、法的な保護を与えるものである（他の形の結婚と区別して、婚姻を**「法律婚」**ともいう）。そして、婚姻が認められる、つまり法的に保護される夫婦と認められるには、法律が定める一定の条件を満たしている必要がある。この条件を、婚姻の**要件**という。

　その中で最も中心的なものは、①当事者に婚姻するという合意があること、②婚姻の届出をすることである。

　①については、婚姻は当事者のそれぞれが自分の意思で決意し、合意に至っていることが必要であって、相手やその他の者（例えば親など）により押しつけられるものであってはならない（憲法24条1項は、婚姻は両性の合意のみに基づいて成立すると定める）。②は通常、市区町村長宛の書面（婚姻届）により行われる。婚姻届の用紙に必要事項を記入したもの（**資料❶**参照）を、市役所（または区役所）あるいは町村役場の窓口に提出すると、記載に不備がない

➡1　婚姻の届出
　民法は、婚姻は戸籍法に従って届け出ることによって効力を生ずると定める（民739条1項）。なお、結婚したら届出の義務があるわけではなく、もちろん罰則もない（届出義務のある出生届や死亡届とは異なる）。

➡2　婚姻届出の方法
　婚姻届は通常、所定の用紙に必要事項を記入し、婚姻の両当事者が署名し、さらに成年の証人2人が署名して行う（当事者等の押印は2021年9月1日より任意となっている）。この書面を、市役所等の窓口に提出する。婚姻の合意が本当にあったか等の実質的な審査はない。

か、婚姻の要件を満たしているかがチェックされ、問題がなければ届出が受理されて婚姻が成立する。

　なお、①②の要件以前のこととして、先に挙げた憲法24条１項や民法の婚姻に関する規定は、婚姻が男女間でなされることを前提とした文言となっており、同性間の婚姻（同性婚）[3]は認められていないと一般に解されている（もっとも、同性婚を認める国は増えており、日本でも認めるべきとの声は高まりつつある）。

　婚姻が認められるには、①②の他にも要件がある。まず、③両当事者は一定の年齢（婚姻適齢という）[4]に達していなければならない（民731条）。婚姻適齢は、成年年齢が法改正により18歳とされた2022年４月１日から、男女ともに18歳以上となっている。

　また、④婚姻している者が、さらに他の者と婚姻すること（つまり、２人以上の相手と婚姻関係に入ること。重婚という）は認められない（民732条）が、これは一般に当然と考えられているだろう。このような**重婚の禁止**により、日本は一夫一婦制を採用している（一夫多妻制を認める国もある）。

　⑤親子兄弟など近親者間では婚姻できないこと（**近親婚の禁止**、民734条〜736条）も、よく知られている。もっとも、かつて養子と養親の関係にあった者やかつての婚姻相手の親との婚姻など、血のつながりがなくても婚姻が禁止される場合があることは、あまり知られていないかもしれない。

　この他、⑥女性が再婚する場合は、現行法では**再婚禁止期間**[5]を経過している必要がある（民733条）。もっとも、2022年の「民法（親子法制）等の改正に関する要綱」では、この制度の廃止が提案され、同年12月にこれに沿った改正が行われた（未施行。以下ではこれを「2022年改正」と表記する）。

　以上の③〜⑥については、婚姻の届出の際にチェックされ、これらのすべてを満たしていなければ、婚姻届は受理されない。

　以上の要件をクリアし、婚姻届が受理されると、「婚姻」が成立するのである。

➡3　同性婚
　イギリス・スペイン・フランス・台湾など、同性婚を認める国・地域は増えている。日本では、2021年３月17日に札幌地方裁判所が、異性婚のみを認める諸規定は憲法14条１項（法の下の平等）に反するとの判決を下し、この裁判の行方が注目されている。

➡4　婚姻適齢
　成年年齢引下げ前（2022年４月１日前）は、男性は満18歳以上、女性は満16歳以上が婚姻適齢であったが、本文のとおり改正された。現代では、夫婦として共同生活を営むのに必要な社会的・経済的成熟度は高度化し、また男女で違いはないと考えられたためである。

➡5　再婚禁止期間
　民法772条は子が生まれた時期に則して父子関係の推定を定めており、前夫と再婚の夫が父とされる推定が重複しないように、前の婚姻の解消等（離婚等）から100日を経過しなければ、女性は再婚できないと定められている（民733条１項）。本文中に示した2022年改正においては、再婚禁止期間を設けなくても推定が重複しないように、民法772条が修正された。

・・

資料❶　婚姻届　もし鈴木Ｂ子さんが婚姻届を出すとしたら……

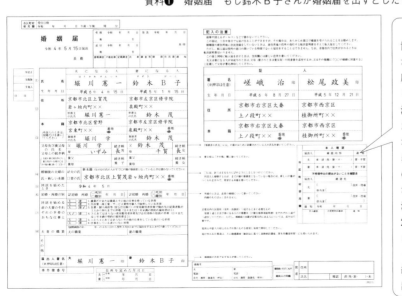

　婚姻届のような戸籍の届出（他に、協議離婚届、養子縁組届等がある）は、本人が窓口に出頭して行う必要はなく、届出の書面を使者が窓口に持参したり、郵便等により送付した場合（戸籍法47条１項）であっても、要件を満たしていれば受理される。そのため、本人の知らないうちに勝手に届出がされてしまうこともある。このような問題の改善のため、届出を受理した場合は本人に通知されるよう、2007年に戸籍法が改正された（戸籍法27条の2第2項）。しかし、本人が知らないうちにされた届出であっても受理はされてしまうので、本人が戸籍訂正等のための手続をしなければならない。問題の多い制度である。

■展開例 2　「婚姻は法的なものだということは、婚姻をすると法的な変化がそのカップルに起こるということだよね」とＡさんは考えた。その変化とはどのようなものだろうか。

（3）　**婚姻によって発生する法的な関係（婚姻の効果）**　　婚姻によって起こる法的な関係の変動のことを、「婚姻の効果」という。以下では、どのような効果があるかみていくことにしよう。

　婚姻したら夫婦は同一の氏を名乗ることになる（夫婦同氏）。夫と妻のどちらの氏を名乗るかを婚姻の際に選択し（民750条）、婚姻届に記載する必要がある。どちらの氏でもよいが、実際はほとんどの夫婦が夫の氏を選択する。婚姻するなら夫婦のどちらかが氏を変えなければならず、Ｂ子のように改氏を避けるため婚姻届をあきらめる例も生じる（次頁コラム参照）。

　また、夫婦であれば、同居し、互いに協力し、自分の配偶者（夫婦の一方からみた他方のこと）が自分の生活と同質で同程度の生活ができるよう経済的に援助すること、そして配偶者以外の者とは性的関係をもたないことは、社会的・道徳的に夫婦として果たすべき義務であると一般に考えられているだろう。これらは法的にも、婚姻により夫婦間に発生する義務とされている（**同居・協力・扶助義務**〔民752条〕および**貞操義務**〔民770条１項１号〕）。

　夫婦の間の財産関係、例えば、婚姻後に夫婦のそれぞれが得た収入や物が、どちらの所有物になるのか（または夫婦の共有になるか）、夫婦の共同生活に必要な費用を２人の間でどのように負担するか等については、契約で決めることもできる（夫婦財産契約）が、実際にはほとんどの夫婦が、民法の定める財産関係（法定夫婦財産制、民760条～762条）に従っている。

　この制度では、夫婦のそれぞれが婚姻前から持っている財産に加え、婚姻後に給料や相続等によって取得した財産も各自の所有物となる（民762条１項。したがって、専業主婦の夫が稼ぐ給料も、夫婦の共有ではなく夫個人の財産ということになる）。夫婦どちらの物か明らかではない財産は、夫婦の共有財産と推定される（同条２項）。そして、共同生活に必要な費用については、夫婦の間で分担する義務がある（**婚姻費用の分担**、民760条）。また、夫婦の一方、例えば妻が共同生活のため日常的に必要な物を買って代金を支払う債務を負った場合には、その夫も連帯して売主に対しその債務を負うことになる（**日常家事債務**の連帯責任、民761条）。

　なお、夫婦財産制とは関わりなく、夫婦の間で結んだ契約は、婚姻中いつでも夫婦の一方から取り消すことができる（民754条）。この取消権も婚姻の効果の１つである（もっとも、この条文は廃止すべきとの批判が強い）。

　そして婚姻した以上、どちらかから一方的に婚姻関係を解消しえないということも、当然とはいえ重要な点である。離婚を合意して届け出るか、合意がなければ裁判所で調停や訴訟など一定の手続を経ないかぎり離婚することはできず（→詳しくは本書❸参照）、そのこと自体が婚姻に与えられる本質的な保護である。また、夫婦の一方が死亡した場合には、配偶者はその相続人となる（民890条。相続において、夫婦であることから認められる特別な効果も含め、本書❺参照）ことや、配偶者の親族（姻族）のうち三親等内の者は自身の親族となる（民725条）ことも、婚姻していたからこそ認められる効果である。

➡6　**夫婦財産契約**
　夫婦財産契約は、夫婦それぞれの収入や役割分担に応じて、財産の帰属や費用の負担につき自分たちで決めることができる。しかし婚姻届の前に契約しなければならないし（民755条。第三者に主張するためには登記も必要（民756条））、そもそも制度自体が知られておらず、ほとんど利用されていない。

➡7　**日常家事債務**
　日常家事債務とは、夫婦の一方が日常の家事に関して第三者と行った法律行為（契約等）により生じた債務である（民761条本文）。その夫婦が共同生活を営むうえで通常必要な法律行為（日用品の購入や生活費を賄うための借金が典型例である）によって生じた債務を指すと解されている。

以上、民法上認められる効果を挙げたが、税や社会保障の制度等においても、婚姻している夫婦に特別な優遇や権利が与えられることがある。

2　婚姻届を出す場合と出さない場合の違いは？

■展開例3　「婚姻」により生じる効果は、「結婚」するが「婚姻」はしないB子さん達には、全く関係がないのだろうか？

　B子のように、夫婦として生活するが婚姻届は出さない場合がある。これを、**事実婚**または**内縁**という。法律婚の夫婦に生じる効果は、内縁の夫婦には、いっさい生じないのかというと、実はそうではない。

　この点については、内縁に関するこれまでの経緯を少しみておく必要がある。現行の婚姻制度の原型ができたのは、明治時代である。それまで一般庶民においては、近しい人が集まっての「祝言」、つまり人前の挙式が行われるのみであり、現在のような確立した届出制度は存在していなかった。そのため、立法後しばらくの間は、制度の理解が国民に行き渡らず、挙式をしても届出がされない場合があった。また、戸主を頂点とする「家」制度[8]のもとでは、婚姻に戸主の同意を要する等の制約があったり、さらに、「嫁」が家風に合うかどうか、また子を産めるかどうかを見極めてから婚姻届が出される場合もあって、内縁の夫婦が現在よりも高い割合で存在していた。

　このような時代には、実質的には夫婦であったのに届出がないまま、一方的に妻が家を追い出されることも珍しくなかった。そこで、弱者であった内縁の妻を守るために、婚姻していなくても、一方的に内縁の夫婦関係を解消された妻から夫への損害賠償請求が判例で認められるようになった。内縁の妻を保護する理論はさらに展開し、届出がなくても実質的に夫婦であれば婚姻に準じて保護するべきという**準婚理論**となっていった。

　その結果、現在では一般に、婚姻の効果である同居・協力・扶助義務、貞操義務、婚姻費用の分担、日常家事債務の連帯責任については、内縁にも認

➡8　「家」制度
　戦前の民法では、各「家」の頂点にいる戸主が家族を扶養する一方、家族は戸主権に服した（戸主の同意がないと婚姻できない等）。戸主の地位と「家」の財産は長男が単独で相続し、また、妻の財産は夫が管理するなど妻の権利は限られており、「家」制度は様々な不平等を含んでいた。

 夫婦同氏制度について

　民法750条は、「夫婦は、婚姻の際に定めるところに従い、夫又は妻の氏を称する。」と定める。婚姻届には、いずれの氏を選択するかを記載しなければならない（戸籍法74条1号）。

　この制度は憲法13条（個人としての尊重、幸福追求権）、同14条1項（法の下の平等）、同24条（個人の尊厳と両性の本質的平等）等に反するとの批判がある。どちらの氏でも選択できるため平等にみえるが、改氏するのはほとんどの場合妻であり、「嫁」が「夫の家に入る」という戦前の「家」制度の影響がみてとれる。国連の女性差別撤廃委員会も日本に改善を勧告してきた。

　また、それぞれがもとの氏を称し続けることを望むならば、婚姻することができず、夫婦同氏の強制との批判がある。通称としての旧姓使用は広まってきたが、二つの姓の使い分けが必要となり、

当事者にも周囲にも更なる不利益が生じることが指摘される。選択的夫婦別姓制度（夫婦ごとに同姓か別姓かを選択できる制度）の導入は何度も提案されてきたが、別姓では家族の絆が弱まる等の反対論も根強く、法改正には至っていない。

　この問題に関するはじめての最高裁大法廷判決（2015年12月16日）、そしてさらに2021年6月23日の大法廷決定も、民法750条を合憲とした。もっとも、法改正の可能性を否定したものではなく、むしろ制度のあり方を立法に委ねる態度がとられている。

　これらの判例には、判事の個別意見が付され、違憲・合憲両方の見解がある。また、多くの判例評論があるので、法的に何が問題とされるのか、調べてみよう。

められると考えられている。また、年金などの社会保障制度においては、内縁の配偶者も法律婚の配偶者と同様に扱われることが法律の条文で明示されている場合があり（例えば厚生年金保険法3条2項）、これにより遺族年金の受給等が内縁の配偶者でも可能になる。他方で、一方が死亡した場合の配偶者の相続権、姻族との親族関係の発生などは、内縁には認められない。

以上のように、婚姻の効果のうちかなりのものが内縁にも認められる。もっとも、内縁の中には、法律婚の夫婦の一方が、その配偶者とは別居して他の異性と内縁関係にある場合（重婚的内縁）もあり、この場合には原則として法律婚の配偶者の保護が優先され、重婚的内縁の相手方が保護される場合は非常に限定的である。しかし、重婚的ではない単なる内縁であれば、法律婚とあまり変わらないといえるほど多くの保護が与えられているのである。

現代においては、立法当初とは異なり、結婚すれば婚姻届を出すものという意識は行き渡っており、女性の社会的地位も昔ほど低くないことから、内縁といってもB子のようにあえて婚姻届を出さない場合が多い。このような場合にも婚姻と同様の効果を認めるべきか、また、そもそも準婚理論は法律婚の制度自体に矛盾しないのかという問題も提起されている。

3　子どもが生まれたらどうなるの？

■展開例4　B子さん達は、子どもができたら婚姻届を出そうかとも考えているらしい。両親が婚姻しているかどうかで、子どもにとってはどのような違いがあるのだろうか。

夫婦の生活共同体は、子どもが生まれると、子を育むための共同体としての意味ももつ。子の養育費用も先述の婚姻費用に含まれうる。もっとも、赤ん坊でも出生した時から法律上「人」として権利をもつことができるのであるから（民3条1項。このことを、「**権利能力**がある」という）、子自身の権利として親に扶養を請求することもできる（もちろん、代理人を通じての請求となる）。

生まれた子について、両親が法律婚の夫婦である場合と、B子のような内縁の夫婦の場合とでは、法的に違いが生じるのだろうか。

（1）**法的に親子として認められるには**　　法的な親子関係が認められるには、一定の条件がある。母子関係については、婚姻の有無に関係なく、分娩の事実、つまりその子を出産したという事実自体によって当然に発生する。しかし父子関係については、法律婚の夫婦の子とそれ以外の場合とで、認められ方が異なる。

法律婚の場合については、2022年改正によりかなりの変化が生じている（次頁コラム参照）。現行法では法律婚において、母が婚姻中に懐胎（妊娠）したのであれば、その夫の子であると推定される（**嫡出推定**、民772条1項）。もし夫がこれを否定したければ、子の出生を知って1年以内に嫡出否認の訴えを起こし、認められる必要があるが（民774条・775条・777条）、それがないかぎり、法律婚の夫と子の父子関係は自動的に認められる。

法律婚でない場合は、父が子を**認知**することによって法的な父子関係が認められる（民779条）。認知は通常、届出によって行われ（民781条1項）、胎児の段階でも母の承諾があればすることができる（胎児認知、民783条1項）。

こうして法的に親子関係が認められれば、これに基づいて扶養の義務や相

9　**保護される内縁の範囲**
重婚的内縁以外にも、近親婚に当たる場合のように、婚姻が認められない関係にあるカップルの内縁が存在する。判例は、ごく例外的な場合を除き、そのような内縁の保護を否定する。他方、同性カップル間については近時、東京高等裁判所が、関係を破綻させた側に対する損害賠償請求を認め、最高裁も上告を棄却・不受理とし、注目されている。

10　**権利能力**
民法3条1項「私権の享有は、出生に始まる。」によれば、私権、つまり民法などの私法上の権利を有することができる力、すなわち権利能力は、すべての人が出生しさえすれば取得できる（2項の例外を除く）。赤ちゃんでも、自分の名義での権利をもつことができる。
他方、胎児は原則として権利能力を有しない。ただし、胎児の時に不法行為により被った損害の賠償請求権、相続権、遺贈を受ける権利については、例外的に権利能力が認められる（民721条・886条・965条）。

11　**認　知**
親が届出や遺言によって行う任意の認知（民781条）をしない場合には、訴えによる強制認知（民787条）が可能である。子や孫等は、認知の訴えを起こすことができ、父の死後も3年以内であれば可能である。

続の権利などの法的な効果も発生することになる。

（2）**嫡出子と嫡出でない子の違い**　このように、父については認知が必要とはいえ、内縁であっても法的な親子関係は認められうる。しかしこの関係は、法律婚から生じた親子関係とは区別されている。法律婚の妻が婚姻中に子を懐胎した場合において嫡出否認がされなかったときは、その子は**嫡出子**（法律婚の夫婦から生まれた子）という身分を得るが、それ以外の場合には原則として、子は嫡出でない子[12]（非嫡出子ともいう）となる。そのため、内縁夫婦間の子は、「嫡出でない子」である。ただし、懐胎または出産後に婚姻すれば、準正という制度により嫡出子となる場合がある。例えば、父に認知された子は、父母が婚姻すると事後的に嫡出子の身分を取得するし（民789条1項）、父母が婚姻した後に父が認知をするか（民789条2項）、嫡出子出生届がなされれば（戸籍法62条）、その時から嫡出子の身分を取得する。

嫡出子と嫡出でない子の違いとして、かつては相続分に差が設けられ、判例もこれを憲法（14条1項）に反しないとしてきたが、2013年の最高裁決定により憲法違反とされ、相続分を等しくする改正が行われた（民900条4号ただし書）。

一方、氏および**戸籍**[13]に関する違い（民790条、戸籍法18条1項・2項）や、出生届に嫡出子か否かを記載することの義務付け（戸籍法49条2項1号。2013年9月26日の最高裁判決はこれを合憲とした）など、嫡出子と嫡出でない子の扱いの違いは残っており、批判の対象となっている。

以上のとおり、B子のような届出を出さない内縁と婚姻とでは、夫婦間でも、また生まれた子どもについても、法的な権利や義務の関係に様々な違いがある。婚姻届は、「結婚しました！」という役所への報告のように思われているかもしれないが、婚姻というもの自体は、新郎新婦の甘い新婚気分にはおかまいなくドライに法的な権利・義務を発生させる制度であって、婚姻届はこの制度を発動させるものなのである。

➡12　嫡出でない子（非嫡出子）
子が嫡出かそうでないかという区別自体が差別的であることから（この区別をやめる国も増えている）、「嫡出でない子」非嫡出子」と言わずに、「婚外子」という言葉が使われることが増えている。なお、本文は民法の内容を説明するものであるため、民法上の用語に従って「嫡出でない子」としている。

➡13　氏と戸籍
「家」制度では、1つの「家」が1つの戸籍に記載されていた。戦後の民法改正で「家」制度はなくなったが、戸籍は個人単位とはならずに夫婦および子（夫婦と氏を同じくする子）を1つの単位とする形で残り（戸籍法6条）、氏が同じでないと1つの戸籍には編成されないことになっている。夫婦も婚姻しないかぎり戸籍は別である。

　嫡出推定・嫡出否認の制度の改正

現行民法772条1項は、妻が婚姻中に懐胎した子は夫の子と推定し（これを嫡出推定という）、婚姻中に懐胎したかどうかは子の出生時期により推定される（同条2項）。そして、嫡出推定は、嫡出の否認（嫡出否認の訴え）によってのみ覆すことができると解されているが、現行民法774条は、嫡出を否認できるのは夫のみである旨を定める。

しかし、本当は夫の子ではない場合、法的な親子関係の否定が夫の意思のみに委ねられるのでは、夫と妻の間の対等性を欠き、子自身が親子関係を否定できないという大きな問題がある。実際、婚姻関係がすでに破綻しているにもかかわらず、DV等の理由により夫と離婚できない妻が、新たなパートナーとの間の子を出産した場合には、夫からの協力が得られないかぎり、原則として夫の嫡出子としての出生届しか受け付けられず、これを回避して子が無戸籍になるという事態が生じていた。離婚しても、現行民法772条2項により、離婚後300日以内に生まれた子は婚姻中に懐胎したと推定され、夫の子と推定されてしまうことから、「300日問題」ともいわれていた。

2022年改正は、この問題を解消するため、懐胎は婚姻前で出生は婚姻後の子にも嫡出推定を認める等、嫡出推定の規律を改めるとともに、嫡出否認の権利を子や母などにも拡げている（新民774条）。

また、嫡出否認の訴えを提起できる期間も、現行法では夫が子の出生を知った時から1年以内と非常に短いが（民777条）、改正法はこれを3年以内（子または母による否認の場合は出生時から起算して3年以内）とした（新民777条）。なお、子による否認の場合は、子自身はまだ幼いが、親権を行う母、養親または未成年後見人が、子のために否認権を行使することができるとされている（新民774条2項）。

13 親が離婚したら

設例 18歳で、大学1年生であるAさんは、両親（Bさん、Cさん）と小学6年生の妹（Dさん）と一緒に暮らしている。幼い頃から、父であるBさんが母のCさんに暴力をふるっていて、ここ数年は母をかばうAさんや妹Dさんも、Bさんから暴力を受けるようになり、Aさんが大学に入学したのを機に、CさんはついにBさんとの離婚を決意した。

1 離婚とは？

離婚は、法律上有効に成立した婚姻（**法律婚**）を解消する手段である。夫婦の一方の死亡によって婚姻関係が当然に解消されるのとは異なり、離婚は夫婦双方が生きている場合であっても一定の事情のもとでその関係を解消することを認めるものであるため、どのような場合に離婚できるか（離婚原因）およびどのような方法によって離婚できるか（離婚手続）が法律で詳しく規定されている。

キリスト教の伝統をもつアメリカやヨーロッパ諸国では、離婚に際して裁判所で手続を経ることが通例となっている。それに対して、日本では裁判所の関与なしに夫婦の話し合いによる合意で離婚をすることが認められている。これを**協議離婚**といい[1]、離婚を望む夫婦は役所に届出をすることで離婚することができる（民763条〜765条、戸籍法76条）。

協議離婚は手続が簡便であるが、これを行うためには夫婦双方が離婚に合意していることが必要である。したがって、夫婦の一方が離婚を望んでいるが、他の一方は離婚したくないという場合、この方法を取ることはできない[2]。そこで民法その他の法律で、このような場合についても離婚を可能とするために、いくつかの方法が認められている。

2 相手が離婚に応じないときどうするか？

（1）裁判離婚 話合いによって協議離婚ができない場合でも、民法は一定の理由があれば裁判での判決で離婚をすることを可能としている（したがって判決離婚ともいう）。すなわち、夫婦の一方は、①配偶者に不貞な行為があったとき、②配偶者から悪意で遺棄されたとき、③配偶者の生死が3年以上明らかでないとき、④配偶者が強度の精神病にかかり、回復の見込みがないとき、⑤その他婚姻を継続し難い重大な事由があるときのいずれかに当たる場合、離婚の訴えを提起することができる[3]（民770条）。そのうち、①から④を**具体的離婚原因**とよぶ。ただし、裁判所は①から④に挙げる事由がある場合に常に離婚判決を下すのではなく、一切の事情を考慮して婚姻の継続を相当と認めるときは、離婚請求を棄却することができる（民770条2項）。こ

➡1 協議離婚
従来、離婚の約9割が協議離婚といわれてきた。政府の統計で2003年に年間の離婚総数が過去最高の289,836件となった後、婚姻件数の減少とともに離婚件数も減少傾向にあるが、依然として協議離婚が全離婚件数の約86%を占めており、2021年は離婚総数184,384件中協議離婚は159,241件であった（人口動態調査・人口動態統計（2021年）上巻10-4）。

➡2 離婚届の不受理申出制度
協議離婚について、夫婦の一方が他方の知らない間に離婚届を提出してしまうことを避けるため、当事者は離婚届を受理しないようあらかじめ役所に申し出ることができる（戸籍法27条の2第3項）。これを不受理申出制度といい、申出の時から効力を生じる。

➡3 有責主義的離婚原因と破綻主義的離婚原因
有責行為の代表的なものは、不倫や正当な理由のない一方的な別居等であろう。①②はこのような有責主義的離婚原因を規定したものであり、有責配偶者に対するいわば制裁として他方の配偶者からの離婚請求を認める。これに対して③④⑤は、有責性ではなく婚姻関係が破綻していることを離婚の原因とし、破綻主義的離婚原因とよばれる。
なお、⑤に民法770条2項の適用はないため、「婚姻を継続し難い重大な事由」の存在が認められたときには離婚判決が下されることになるが、そもそものようなな事由の有無の判断自体に裁判所の裁量が含まれているといえる。

76

れに対して、⑤は**抽象的離婚原因**とよばれ、①から④の事由に当たらない場合であっても、夫婦関係が破綻してしまっていて、婚姻生活をこれ以上続けることが難しいと考えられる場合に、裁判離婚を認めるものである。

（2）**調停離婚**　裁判離婚の原因が存在する場合、通常は、直ちに民法770条に基づく離婚の訴えを家庭裁判所に提起するのではなく、まず調停を申し立てなければならない。これを**調停前置主義**といい（家事事件手続法257条）、調停で調停委員らを交えて話し合いをもつことによって、離婚するにしても婚姻生活を継続するにしてもできるかぎり夫婦の合意に基づく解決を図ることを目的とする。また、離婚することにはお互い異存なくても、例えばAの両親が未成年者である妹Dの親権を奪い合って譲らず、あるいは離婚後の財産分与や慰謝料の支払について対立があることによって協議離婚に至らないという場合、調停の場を設けることで夫婦の話し合いを促す効果が期待できる。そして、このようにして行われる調停の中で夫婦が合意して離婚することになった場合を、調停離婚とよぶ。

（3）**審判離婚**　調停をしても夫婦が離婚の合意に至らない場合、調停は不成立となる。夫婦の一方がそれでも離婚を望むときは、改めて家庭裁判所に離婚の訴えを提起して、裁判離婚を求めることができる。しかしながら、裁判離婚が認められ離婚判決が出されるまでにはさらに時間がかかるため、家庭裁判所は、離婚の調停が成立しない場合に相当と認めるときは、当事者双方の衡平に考慮し、一切の事情をみて離婚の審判をすることができるとされている（同法284条）。これを審判離婚といい、審判例では、夫が妻に暴力をふるうなどしたため別居となり、妻が申し立てた離婚調停についても夫が感情的になって出席せず調停不成立となった事例において、離婚を認めたものがある。ただし、審判離婚は家庭裁判所が職権で離婚を認めるものであり、当事者がこれについて不服があるときは、2週間以内に異議申立てをすれば審判は効力を失うとされていることもあって（同法286条）、実際にはあまり用いられていない。

➡4　調停のしくみ
家庭裁判所の調停は、裁判官（または調停官）1名、家事調停委員2名以上からなる調停委員会で行われる。離婚調停では、離婚について合意が成立すると調停調書が作成され、これは裁判離婚における確定判決と同じ効力をもつ（家事事件手続法268条）。

➡5　人事訴訟と調停前置主義
家事事件手続法257条は、人事に関する訴訟事件（人事訴訟事件。同244条）はまず家庭裁判所に調停の申立てをしなければならないと定める。人事訴訟の種類は、人事訴訟法2条に列挙されており、夫婦に関する紛争、親子に関する紛争、養子に関する紛争に大別される。

➡6　成年年齢
2018年6月13日の民法改正で、成年年齢が18歳に引き下げられた。施行日は2022年4月1日であり、本周のAは成人であるため、親権は妹Dについてのみ問題となる。

➡7　例えば2021年は、離婚総数184,384件のうち審判離婚は3,479件、判決離婚は1,944件である。一方、協議離婚は、159,241件、調停離婚は16,975件であり、多くが裁判となる前に当事者間または調停での協議によって離婚していることがうかがえる（人口動態調査・人口動態統計（2021年）上巻10-4）。

・・・

🛈　「配偶者からの暴力の防止及び被害者の保護等に関する法律」（DV防止法）

ドメスティック・バイオレンス（DV）は深刻な社会問題となっているが、法律面では、2001年に「配偶者からの暴力の防止及び被害者の保護に関する法律」（DV防止法）が制定された。同法によって、例えば裁判所は、加害者に対して、被害者への接近禁止命令や退去命令（これらを保護命令という）を出すことができる（DV防止法10条）。
さらに、2013年6月には、同居中の交際相手からの暴力に対しても被害者の保護を図ることを目的として、改正DV防止法が成立している。2011年の長崎県のストーカー殺人事件が大きなきっかけとなったとされる。同時に、改正ストーカー規制法も成立し、メールを執拗に送る行為が「つきまとい行為」の対象に加えられた。
また、若い世代で生じる交際相手からのデートDVの他、（元）配偶者間の暴力と児童虐待との関連性も問題となっており、2019年には児童福祉法の改正と併せてDV防止法も改正され、児童相談所が連携・協力のための関係機関として明記されるとともに（DV防止法9条）、保護命令の対象が子どもや離婚した元配偶者にも拡大された。

配偶者からの暴力事案等の相談等状況

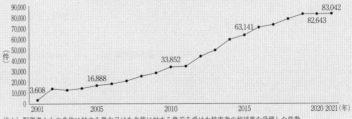

注1）配偶者からの身体に対する暴力又は生命等に対する脅迫を受けた被害者の相談等を受理した件数
注2）平成13年は、DV防止法の施行日（10月13日）以降の件数
注3）法改正を受け、平成16年12月2日施行以降、離婚後に引き続き暴力を受けた事案について、20年1月11日施行以降、生命等に対する脅迫を受けた事案について、また、26年1月3日施行以降、生活の本拠を共にする交際（婚姻関係における共同生活に類する共同生活を営んでいないものを除く。）をする関係にある相手からの暴力事案についても計上
（警察庁ウェブサイト「令和3年におけるストーカー事案及び配偶者からの暴力事案等への対応状況について」2022年3月）

（4）**和解離婚・認諾離婚**　調停不成立後、民法770条による裁判離婚の訴えが提起されたときも、離婚判決が下される前に当事者が離婚することについて合意し、これが和解調書に記載されると離婚が成立する。このような離婚を和解離婚とよぶ（人事訴訟法37条）。また、同じく離婚の訴え提起後、夫婦の一方の離婚を求める主張を相手方がそのまま受け入れ、これを認諾調書に記載することによっても、判決を待たずに離婚が成立する。これを認諾離婚という（同法37条）。

なお、裁判離婚、調停離婚、審判離婚、和解離婚、認諾離婚は裁判所における手続の中で離婚が成立するものであるが、離婚したことを戸籍に反映させる必要性から、いずれも10日以内に役所に離婚の届出をしなければならない（戸籍法77条）。

■展開例1　Ｃさんは勇気を出してＢさんに離婚を申し入れたが、Ｂさんは離婚しないと言い張り、さらにＣさんやＡさんたちへ暴力を振るうようになった。

本設例では、母Ｃが父Ｂの暴力を理由に離婚を決意している。展開例1の場合、Ｃからの離婚の申し出にＢが応じれば協議離婚をすることができるが、かりにＢが離婚に同意せず、あくまで別れないと主張した場合、Ｃは民法770条1項5号を根拠に裁判所に離婚を求めて訴えを提起することができると考えられる。実際の裁判例でも、夫の妻や子に対する暴力や虐待が「婚姻を継続し難い重大な事由」に当たるとして妻からの離婚請求を認めたものがある。これに対して、反対にＢからＣに対して離婚請求をすることが認められるかについては、Ｂ自身が婚姻関係破綻の原因を作った者（有責配偶者）であることから、裁判所は慎重な姿勢を示す。

なお、かつての判例は、特に不貞行為のケースで有責配偶者からの離婚請求を一切認めるべきではないとの見解に立っていた（消極的破綻主義）。しかし、1987年の最高裁大法廷判決で、(a)相当長期間の別居、(b)未成熟の子がいないこと、(c)離婚によって責任のない配偶者（無責配偶者）が精神的、社会的、経済的に苛酷な状態に陥らないことを要件に、有責配偶者による離婚請求も認められるとの判例変更がされ、現在は不貞行為について積極的破綻主義の立場をとる。

3　親が離婚すると自分はどうなる？

（1）**子の親権者の決定**　離婚をすると婚姻関係が解消され、夫婦はそれぞれ再婚が可能となるが、その他にも様々な法律上の効果が生じる。離婚する夫婦に未成年の子がいる場合には、離婚に際して父母のどちらが親権者になるかを決めなければならない（民819条、戸籍法76条・77条）。父母の婚姻中は双方が協力して子の親権を行えばよいが（**共同親権の原則**。民818条3項）、離婚するとそのような協力関係が難しくなるため、一方のみを親権者と定めて（これを**単独親権**という）、子の監護・教育等についての責任者を明らかにしておくことがそのねらいである。協議離婚では、原則として父母の話し合いで親権者を決めるが、話し合いがまとまらないときは、父または母の請求によって家庭裁判所がこれを定める（民819条1項・5項、家事事件手続法167条・別表第二-8）。一方、裁判離婚では、離婚判決に際して裁判所が離婚後の単独親権者も定める（民819条2項）。なお、離婚後に、子の利益のため必要があると認められるときは、家庭裁判所は子の親族の請求によって親権者を他方

➡8　民法（親子法制）等の改正
2022年12月10日に民法等の親子法制の改正に関する法律が国会で成立し、同月16日に公布された（公布の日より1年6月を超えない範囲で施行。懲戒権の規定については、同日施行）。この改正法により、嫡出推定・嫡出否認制度や認知の無効に関する諸規定の見直しが行われるとともに、親の子に対する懲戒権を定める現行民法822条が削除され、親権者による体罰その他子の心身の健全な発達に有害な影響を及ぼす言動の禁止が民法821条に明記された。

➡9　親権者と監護者
離婚に際して、親権者と別に監護者を定めることもできる（民766条・771条）。例えば子が乳幼児である場合、離婚後、父が親権者となる代わりに母が法律上の監護者となって子の実際の養育にあたるという場合である。ただし、近年は、母が親権者となり子の監護もあわせて行うケースが多い。

➡10　審判事項と調停
家庭裁判所の審判事項は、家事事件手続法別表第一、別表第二に挙げられている。第二表は家族間の紛争性の高い事件であり、できるかぎり話し合いによる解決が望ましいため、通常、まず調停に付される（家事事件手続法244条・274条）。ただし、調停不成立のときは自動的に審判に移行して家庭裁判所が判断を下す点で（同法272条4項）、調停不成立の場合改めて訴え提起の手続をとる必要がある人事訴訟と異なる。

の親に変更することもできる（同条6項）。

　親権者決定に際しての具体的基準として、親による監護の実績や監護の継続性、経済力、子の意思等が挙げられるが、なかでも子の福祉にかなうか否かが最も重視される。設例では父Bの暴力が離婚の原因となっていることもあり、かりにBが妹Dの親権を母Cと争ったとしても、裁判所はCをDの単独親権者と定める可能性が高いと考えられる。

　(2)　面会交流の取り決め　　離婚によって親権者や監護者とならなかった親も、離婚後に子と面会し、手紙や電話、メール等で交流することができる。これを**面会交流**とよぶ。民法766条の子の監護に関する事項の1つとして従来から認められており[11]、例えば子の親権者を母とし、監護者は置かないが、子は父と毎月第1土曜日に会うといった取り決めをすることができる。面会交流について父母間の協議で決めることができないときは、家庭裁判所がこれを定める（家事事件手続法150条4号・別表第二-3）。ただし、設例のように父Bが妹Dにも暴力をふるっていて、面会交流が子の福祉に反するようなときは、家庭裁判所は面会交流を認めないこともできる。

　(3)　子の氏はどうなる？　　婚姻の際に夫婦はいずれか一方の氏を夫婦の氏として選ばなければならない（民750条）。そして、離婚すると、氏を改めた方の配偶者は、原則として婚姻前の氏に戻る（民767条1項・771条）。したがって、設例でAの両親が父Bの氏を夫婦の氏としていた場合、離婚すると、母Cは婚姻前の氏に復するが、他方でAと妹Dは父の氏のままということになる。また、Cが仕事をしていたような場合、離婚による氏の変更を勤務先等に知らせなければならないという煩わしさもある。そこで、Cが婚姻中の氏を続けて使用することを望む場合、離婚から3か月以内に役所にその旨の届出をすれば、離婚後もこの氏を称することができると定められている（**婚氏続称**。民767条2項・771条）。

> ■展開例2　CさんはBさんとの離婚が成立したが、派遣社員として働いていたため、婚姻中の氏をそのまま使用することにし、婚氏続称の手続を済ませた

→ 11　2011年の民法の一部改正により、民法766条に養育費の分担とともに、父または母と子との面会交流が明記された。

◆コラム　ハーグ条約と国内法の改正について

　離婚によって父母が別れたり、離婚前でも別居している間に、父母の一方が子を他方に無断で連れ去って返さないといった事態が時に生じる。国際結婚や海外で暮らしている日本人夫婦の場合には国を越えてこのような連れ去りが起こりうるため、問題は一層深刻になる。「国際的な子の奪取の民事上の側面に関する条約」（ハーグ条約）は、このような事案への対応を目的とするものである。日本は2013年に国会でこの条約を承認し、2014年4月1日から発効している。

　条約締結に伴って国内法も整備され、「国際的な子の奪取の民事上の側面に関する条約の実施に関する法律」（以下、実施法という）が設けられた。対象となるのは16歳未満の子であり、子の監護権者は、日本に連れ去られ留置されている子をもと居た国（常居所地国）に返還するための援助（外国返還援助）および、日本以外の条約締約国へ子が連れ去られ留置されている場合に子を日本に返還するための援助（日本国返還援助）を、中央当局である外務大臣（実施法3条）に申請することができる。また、連れ去られた子との面会交流についても同様に援助を申請できる。さらに、監護権を侵害された者は、常居所地国への子の返還を求めて家庭裁判所に申立てをすることができる。

　なお、2019年5月10日に民事執行法が改正されたのに伴い、ハーグ条約に基づく子の返還についても、間接強制を実施しても返還の見込みがないときや子の急迫の危険を防止するために必要があるときに代替執行の申立てができること等が明文化された（実施法136条・138条・140条・141条）。

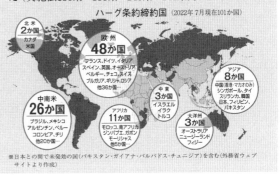

ハーグ条約締約国 （2022年7月現在101か国）

※日本との間で未発効の国（パキスタン・ガイアナ・バルバドス・チュニジア）を含む（外務省ウェブサイトより作成）

母Ｃが婚氏続称の届出をした場合も、ＣはＢ姓の戸籍を新編製して自分のみがそこに入るという手続がとられる（戸籍法19条３項）。そのため、外見上はＣとＡ・妹Ｄが同じ姓であるように見えても、ＡとＤは父Ｂの戸籍に入ったままである。そこで、ＣとＡ・Ｄの戸籍を同じにしたいときは、民法791条の手続を取ることが必要である。これにより、家庭裁判所でＡ・Ｄの氏を母の称しているＢ姓に変更するとの許可審判を得たうえで、役所に入籍の届け出をすれば、Ａ・ＤもＣの戸籍に入ることができる。

一方、母Ｃが婚姻前の氏に戻るという選択をした場合、そのままだと、父の氏を称するＡら子どもたちと母であるＣの氏とが異なる状態が生じる。これは、ＣがＤの親権者と定められた場合も同様である。そこで、このような状態を解決するためには、同じく家庭裁判所の許可を得て役所に届出をし、子の氏を母の氏へと変更すればよい（民791条）。これにより、ＡとＤはＣの戸籍に入る。

4　離婚後は誰に扶養してもらえばよいか？

（1）　離婚による夫婦間の財産関係の処理　　民法768条は、離婚に際して夫婦の一方が他方に対して財産の分与を請求することができると規定する。財産分与の額や方法は協議によって決めることができるが、話し合いがまとまらないときは、当事者の申立てにより家庭裁判所がこれを定める（家事事件手続法150条５号・別表第二-４）。その際、家庭裁判所は、夫婦が協力して取得した財産の額をはじめ一切の事情を考慮して、分与させるべきかどうか、また分与の額や方法をどうするかを決定する。そこでは、財産分与は一般に清算的要素、扶養的要素、慰謝料的要素の３つの要素を含むと解されている。

（2）　養育費の決定　　親は未成熟子（未成年者であるかどうかを問わず、経済的にまだ独立していない子）に対する扶養義務を負う（民877条）。父母の婚姻中は、親は共同親権者として未成年の子を監護し教育する権利義務を負っており（民820条）、未成年子を含む未成熟子の養育にかかる具体的な費用も、通常、婚姻生活全般についての生活費（民法760条の「婚姻費用」）の中で支払われる。これに対して、父母が離婚するとどちらか一方のみが未成年子の親権者となるが、離婚しても親の扶養義務はなくならないため、親権者となった親のみならずならなかった親も必要に応じて子の養育費を支払わなければならない。したがって、父Ｂと母Ｃが離婚し、Ａと妹ＤがＤの親権者と指定されたＣとともに生活することになっても、Ｂに対してＤは養育費を請求することができる。一方、Ａは成人であるが、近時は大学卒業までの子の学費の支払につき定めておくケースも珍しくない。

養育費の具体的な金額は、子の監護に必要な事項（民766条）として離婚の際の父母の協議や家庭裁判所の調停・審判（家事事件手続法150条４号・別表第二-３）で定められる。また裁判離婚では、**附帯処分**として、離婚判決において裁判所が養育費の支払を親に命じることもできる（人事訴訟法32条）。未成熟子に対する親の扶養義務は**生活保持義務**（自分と同じ程度の生活水準を相手方も保てるようにする義務）であると考えられているが、離婚家庭の多くは母が親権者となって子を養育している母子家庭であり、低収入のうえに、父か

➡12　清算的要素
　例えば夫婦が婚姻生活を送るなかで家や土地を購入した場合、これらは夫婦の協力によって取得した財産として離婚の際に財産分与の清算の対象となる。

➡13　扶養的要素
　清算の対象となる財産がなくても、離婚によって夫婦の一方が経済的に困窮するような場合には、生活の目途が立つまで離婚した相手方に一定の金銭を支払ってくれるよう請求することもできる。これを離婚後扶養というが、学説では、扶養ではなく離婚による補償と捉える見解が有力である。

➡14　慰謝料的要素
　母Ｃが父Ｂの暴力によって離婚をやむなくされた場合、Ｃは暴力のみならず離婚に至ったこと自体により被った精神的苦痛の賠償をＢに請求できる。これを離婚慰謝料とよぶ。ただし、慰謝料は不法行為によるもので、本来、財産分与とは性質を異にする。また、財産分与の請求は離婚時から２年（民768条２項）の期間制限に服するのに対して、慰謝料の消滅時効は３年（民724条１号）である。そこで、判例は、慰謝料を含めて財産分与の額や方法を定めることもできるし、財産分与とは別に慰謝料を請求することもできるという柔軟な解釈を取る。

➡15　成年年齢が18歳に引き下げられても、養育費の支払期間が当然に「18歳に達するまで」となるわけではない。また、子が成年に達しても経済的に未成熟である間は、親は養育費支払義務を負うことが、2018年の民法改正に際しても確認されている（http://www.moj.go.jp/MINJI/minji07_00230.html）。裁判例でも、成人した子の大学の学費につき離婚した父母間の分担額を決めたうえで、扶養料として父に子への支払を命じたものがある。

らの養育費支払も十分でない場合が多いことが指摘されている。そこで、このような状態を改善するため、2003年に家庭裁判所の裁判官らによって養育費の算定表が公表され、計算を容易にするとともに、養育費算定の基準の明確化が図られた。また、同じく2003年に民事執行法が改正され、養育費の支払に不履行があって支払義務者（多くは父）の給料等を差し押さえるときは、将来分もまとめて強制執行の手続をとることができるようになった（民事執行法151条の2）。さらに、この**直接強制**の他に、2005年には、**間接強制**をかけて養育費の支払を強制することも可能となり（同法167条の15）、養育費の支払確保のための法的整備が進められている。

■展開例3　母Cさんが離婚後に別の男性（Eさん）と再婚したら、Aさんや妹Dさんはどうなるだろうか。

（3）親が再婚したら？　母Cが再婚しても、それだけではEとA・妹Dとの間に親子関係は生じない。Eと法律上の親子となるためには、AやDがEと養子縁組をする必要がある。普通養子縁組では、婚姻と同様に当事者が縁組することに合意し、役所に届出をすることで養親子関係が成立する（民799条）。未成年者であっても15歳以上であれば自分一人でこの合意ができるが、15歳未満の子については親権者である親がその子の代わりに縁組の合意をする（民797条）。したがって、Aは18歳なので自分でEと縁組を結ぶことができるが、Dはまだ小学生であるため、CがDに代わってEとの縁組を承諾し手続を行わなければならない。

　養子縁組をすると、Aと妹Dは新しい父（養親）であるEの嫡出子として扱われ（民809条）、Eが母Cとともに共同親権者となってDの監護教育の義務を負う（民818条）。また養育費についても、養親であるEが、実の父であるBに優先して未成熟子の扶養義務を負うとされている。そのため、Eと養子縁組後、母Cらが父Bに対して養育費の支払を請求しても、通常、これは認められないことになる。

→16　**直接強制と間接強制**
　債務者が法律上の債務を履行しない場合、裁判所の助力を得てその履行を強制することができる。これを強制履行といい、直接強制や間接強制等の方法がある。直接強制では、金銭の支払や物の引渡しの債務について、裁判所が直接介入してその内容を実現させる。一方、間接強制は、裁判所が、債権者に対して一定の金銭の支払をすることを債務者に命じることで、本来の債務の履行を促す。

→17　**普通養子と特別養子**
　養子縁組には普通養子と特別養子がある。
　普通養子では、成人であれば既婚か独身かを問わず養親となることができる。養子は、養親より年下であれば成人であるか未成年者であるかを問わない。また、養子となった者は、養親、実親双方と法律上の親子関係を維持する。
　特別養子は縁組の成立に家庭裁判所の審判を必要とし、養親が婚姻していること等普通養子よりも厳格な要件が定められている。効果の面でも、特別養子になると実親の側との親族関係が終了する。なお、2019年6月7日に特別養子制度の一部が改正され、養子の年齢を従来の原則6歳未満から15歳未満に引き上げる等、要件の緩和による制度の活用が図られている（2020年4月1日施行）。

離婚後の母子家庭の収入と養育費

　厚生労働省の2016年の調査では、養育費の取り決めをしているのは、母子世帯では42.9%（2011年の調査では37.7%）、父子世帯では20.8%（同17.5%）であった。ただし、協議離婚では、その他の方法による離婚と比べて養育費の取り決めをしている割合が低い（協議離婚した母子世帯では59%、父子世帯では79.3%が取り決めをしていない）。また、養育費を現在も受けているか受けたことがある世帯のうち額が決まっている世帯の平均月額は、母子世帯で43,707円、父子世帯で32,550円である（https://www.mhlw.go.jp/file/06-Seisakujouhou-11920000-Kodomokateikyoku/0000188168.pdf）。

　このようななか、母子家庭の貧困が社会問題となっており、一策として養育費の確保が重要で、国会でもこの点が指摘されていた（2018年6月12日参議院法務委員会附帯決議）。裁判所の養育費算定表はより迅速かつ容易に養育費を算定することを目的とし、現在では家庭裁判所の調停・審判における重要な判断資料となっている。しかし、従来使用されてきた算定方式は迅速に額を算出できる反面、生活保護費より低くなる場合があり、母子家庭の貧困の一因とも指摘されていた。そこで日本弁護士連合会は2016年に新算定表を公表し、これに基づいて養育費を算定する裁判例も現れた。このような事態に対応するため、裁判所は2019年12月23日に新たな算定表を公表し、現在はこれが家庭裁判所の実務で利用されている（右図。http://www.courts.go.jp/about/siryo/H30shihou_houkoku/index.html）。

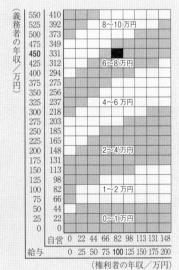

※■は第1子15〜19歳、第2子0〜14歳で父の給与所得が450万円、母の給与所得が100万円のとき。因みに日本弁護士連合会の算定表では12万円となる。

14 祖母が認知症になったら

> **設例** 70歳になったAさんの祖母Bさんが、高額の羽毛布団をたくさん購入するようになり、Bさんの狭い部屋に布団が何組も積み上げられている。Aさんが事情を聞くと、孫が遊びに来たときによい布団を使って欲しいからだとBさんは説明する。

契約を結んだ人は、契約を守らなければならない。自分の意思で契約を結んだ以上、その契約に基づいて相手方に対して権利を主張できるし、その契約から生じる義務を負担しなければならない。契約を結ぶ・結ばないは自由であるが、いったん契約を結んだ以上は、その契約に拘束される。

もっとも、世の中には十分な判断能力をもたない人がいる。また、人の判断能力の弱さにつけこんで、自分に都合のよい契約に引き込む業者もいる。このような場合に、「契約を結んだ人は、契約を守らなければならない」という考え方をそのまま妥当させてよいか。また、判断能力の十分でない人も安心して契約をすることができる制度はないだろうか。

1 正常な判断ができなくなっていたら？

> **■展開例1** Aさんの祖母Bさんは、実は認知症がすすんでいて、自らが購入しようとする布団が1組50万円もするということがきちんと理解できずに、C店と売買契約を結んでしまった。

祖母Bは、自らが行う行為の法的意味を理解できていない。このような場合にまで、売買契約上の義務を負担しなければならないのか。

自ら行う行為の法的意味を理解する能力のことを、**意思能力**[1]とよぶが、この意思能力を欠いた状態（意思無能力の状態）でした法律行為（売買契約）は、無効となる（民3条の2）。Bが意思無能力の状態で売買契約を締結していれば、それは無効になる。

契約締結後、祖母BがすでにC店に代金を支払っており、布団の引渡しを受けていた場合（既履行の場合）は、Bは代金を返還してほしいといえるだろうか。

契約が無効であるということは、契約締結時より法律上の効果が生じていないということである。この場合、C店は、契約が締結されていなかったときの状態にする義務を負い（原状回復義務）、Bに対して代金を返還しなければならない（民121条の2第1項）。Bも布団の返還義務を負うが、Bは、現にある布団をそのまま返還すれば足りる（現存利益の範囲での返還義務。同条3項）。意思無能力者保護のためである。

なお、契約締結後、BがC店に代金を支払っていないとしても（未履行の場合）、契約の効果が生じていないのだからBはCに代金を支払う必要はな

⇒1 意思能力
　意思能力とは、自分の行っている行為の法的意味を理解する能力である。意思能力の有無は、一般に6〜7歳程度の知的判断能力が目安とされているが、その行為の複雑さや重要性により相対的に判断される。

い（Cの布団の引渡義務も生じていない）。

　ところで、意思無能力による無効を求める者は、自らの取引に際して意思能力がなかったことを証明しなければならない。祖母Bが意思無能力を証明できなければ、BはC店に対して売買契約上の50万円の支払義務を負うことになる。

2　たくさん買いすぎていたら？（過量販売とは）

　意思無能力とまではいえない場合であっても、以下のような場合には契約の無効や取消し等ができる可能性がある。

■展開例2　一人暮らしで近ごろ物忘れのひどい祖母Bさん。Bさんが最近よく行くC店の販売員Dは、そのことを知っていながら（むしろ利用して）、Bさんに1組50万円もする布団を10組も販売していた。

　（1）**公序良俗**　　民法90条は、公序良俗に反する法律行為は無効とする。ここでの販売員Dは、相手が高齢で物忘れがひどくなっていることを利用して、利益を得ようとしている。このような不当な販売は、Bの自由な意思の形成を侵害している可能性があるとの理由で、公序良俗違反による無効とされることがある。さらに、いわゆる悪徳業者から被害を受けやすい状況にある高齢者を保護するために特別法において、一定の場合に消費者にクーリング・オフに準ずる権利（特定商取引法9条の2。本書❺参照）や取消権（消費者契約法4条4項）を認めることで、高齢者の消費者被害の拡大を防止している。

　（2）**消費者契約法**　　事業者が、消費者契約の締結について勧誘をする際に、消費者にとって、契約の目的となるものの分量等が、「当該消費者にとって通常の分量等」を「著しく超えるもの」（過度な内容の消費者契約）であることを知っている場合に、消費者がその勧誘で契約の申込みまたは承諾をしたときは、消費者はこの意思表示を取り消すことができる（消費者契約法4条4項前段）。この場合、Bによる10組の布団の購入が、「過度な内容の消費者契約」に

➡2　「当該消費者にとって通常の分量等」とは、①消費者契約の目的となるものの内容、②取引条件、③事業者がその締結について勧誘する際の生活の状況、④これについての当該消費者の認識を総合的に考慮に入れて、一般平均的な消費者を基準として判断される。「著しく超えるもの」かどうかも、①から④の要素を考慮して、一般平均的な消費者を基準に判断される。

資料❶　成年後見手続の流れ

①家庭裁判所への申立て

Aさんの父Dさんが、認知症が重度なBさんのために、家庭裁判所に成年後見の申立てを行う。

②家庭裁判所の調査官による事実の調査
※申立人、本人、成年後見人候補者が家庭裁判所から事情を聞かれる。

Aさんの父Dさんが成年後見人の候補者であれば、父とBさんが事情を聞かれる。

③精神鑑定
※家庭裁判所が医師に依頼し精神鑑定が行われる。親族の情報や診断書の内容で省略されることもある。

Bさんの精神鑑定。

＊事理弁識能力の程度によっては、保佐・補助を選択して申立て

④審　判
※申立書に記載された成年後見人の候補者がそのまま選任されることが多いが、家庭裁判所の判断でそれ以外の者を選任することもある。

候補者であるAさんの父Dさんが成年後見人になることが多いが、Aさんの父が破産している場合（欠格事由に該当〔民874条〕）や、それ以外でも家庭裁判所が他の者が後見人になった方がよいと判断した場合は他の者が後見人に選任される。

⑤審判の告知と通知
※裁判所から審判書謄本を受けとる。

⑥法定後見開始
※法務局の後見登記ファイルにその旨が記載される。

後見人になった者（Dさん）が、Bさんの財産を管理し、Bさんの代わりに（代理して）取引をする。場合によっては、Bさんがした法律行為を取り消す。資料❷参照。

➡3　請求権者の範囲

　民法7条の定める本人、配偶者、4親等内の親族、公益代表としての検察官などの他、老人福祉法により市区町村長にも請求権がある。

➡4　後見の申立てに際して、申立書とともに、医師により作成された成年後見用診断書等を提出する。そして申立てが受け付けられると、関係者の調査・本人の判断能力についての鑑定が行われ、審理され審判される（**資料❶**参照）。

➡5　事理弁識能力

　事理弁識能力という用語は、判例・学説上、以下の2つの意味で使われている。

　①民法7条にいう「事理を弁識する能力」は、自己の行為の〔法的〕結果を理解する精神的な能力とする。

　②民法722条2項の過失相殺がされる場合に、その前提として被害者に要求される注意能力（過失相殺能力）を意味する場合　現在の判例・通説は、722条2項の過失相殺によって賠償額が減額されるには、被害者に712条の責任能力（子どもの場合、12歳程度が目安）が備わっていることまでを要せず、損害の発生を避けるのに必要な注意能力で足りるとしている。この場合の注意能力を、事理弁識能力とよぶ。一般に意思能力よりは低い4～5歳程度の知的成熟度で足りると解されている。

➡6　成年後見人に選任される者

　法定の成年後見を請求する場合、その請求者は、その申立書に候補者を推薦することができるが、家庭裁判所はその候補者にとらわれることなく、最も適切な者を後見人に選任することができる。成年被後見人の状況に応じて、親族、法律の専門家（弁護士・司法書士）、福祉の専門家のいずれかが選任されることもあれば、複数人が選任されることもある（民843条）。

➡7　登記事項

　登記には、①後見等の種別、開始の審判をした裁判所、その事件の表示および確定の年月日、②成年被後見人等の氏名、出生の年月日、住所および本籍、③成年後見人等の氏名および住所、複数人存在する場合はその権限に関する定め、④後見監督人等が選任された場合には、その氏名および住所、⑤保佐人・補助人の同意を得ることを要する行為が定められたときは、その行為、代理権が付与されたときはその代理権の範囲等が記載される（後見登記法4条）。登記事項の証明をする場合は、登記官

あたり、販売員がそのことを知っていれば、Bは当該布団の売買契約を取り消すことができる（取消しの効果については、民121条本文・121条の2第1項）。

　(3)　訪問販売　仮に、布団の販売員Dが、Bの自宅を訪問し、Bが布団を購入した場合には、特定商取引上の特定商取引の1つである「訪問販売」に当たる（特定商取引法1条・2条）。このような場合、Bは、購入に関する法定の書面を受け取った日から8日を経過していないかぎり、Cに対して申込みの撤回や契約の解除ができる（同法9条1項）。突然の訪問により、十分に判断できない状態で契約をした者を保護するためである。また、「訪問販売」により、日常生活において通常必要とされる分量を著しく超える商品を購入した場合には、契約締結から1年以内であれば、申込みの撤回や契約の解除ができる（同法9条の2）。

3　成年後見人に選任されたら？

　祖母Bのような認知症やその他精神障害などのために取引行為の意味を理解できずに、取引行為をしてしまう者を保護する制度が**成年後見制度**である。民法上の成年後見制度には、①**（狭義の）成年後見制度**、②**保佐制度**、③**補助制度**の3類型がある。成年後見制度は、保護を受ける者のその自由な意思を尊重し、今もっている能力を活用しつつ、障害がある人も通常誰もが行うような生活をすることが望ましいというノーマライゼーションの理念のもと、その人に応じた必要な支援を行う制度である。民法上の制度ではないが、④**任意後見制度**もある。

　成年後見制度の利用により保護を受ける場合、Bがそれまで自由にできていた取引行為が制限されるという重大な結果をもたらす。そこで、この制度の利用にあたっては、一定の者が家庭裁判所に請求をすることにより、本人がそれを利用するのに適した状態であるかどうかを家庭裁判所が判断することになる➡3（87頁コラム参照）。➡4

　①成年後見制度のもとでは、Bが「精神上の障害により、事理を弁識する能力を欠く常況にある」➡5と家庭裁判所が判断した場合には、成年後見開始の審判がされ（〔狭義の〕成年後見）、B（成年被後見人）のために成年後見人が選任され➡6（民8条）、後見登記ファイルに登記される➡7（家事事件手続法116条）。成年後見人は、成年被後見人の法定代理人となる（民859条）。

　②保佐制度は、成年被後見人ほど判断能力が低下していない者ではあるが、「事理弁識能力が著しく不十分な者」のための制度で、③補助制度は、「事理弁識能力が不十分な者」のための制度である。④任意後見制度は、判断能力があるうちに本人（委任者）が後見人になってもらいたい人（受任者）に自己の生活、療養看護および財産の管理に関する事務の全部または一部を委託し、その委託に係る事務について代理権を付与する契約（**任意後見契約**）を締結することにより、本人の事理弁識能力が不十分になったときに、家庭裁判所に一定の者が請求し後見監督人が選任されることにより受任者が職務を行う制度である。

> ■**展開例3**　祖母Bさんの認知症が進行し、Aさんの父Dさんが家庭裁判所にBさんの成年後見の開始を求めて申し立てたところ、家庭裁判所は、Bさんの後見開始の審判をするとともに、成年後見人にDさんを選任した。(1)から(3)につき、Dさんはどのような職務を行うか。(4)につき、家庭裁判所はどのような職務を行

うか。
(1) Bさんは、ある日1組50万円もする布団をC店で購入してきた。
(2) Dさんは、Bさんのお小遣いや生活にかかる費用をBさんが預けている銀行から払戻しを受けて支払いたい。
(3) Bさんの認知症が日に日にすすんでおり、Dさんは老人ホームにBさんを入居させたい。
(4) DさんはBさんの成年後見人になってから、急に高級外車を購入するなどお金の使い方が荒くなった。Dさんの妹は、Bさんの財産をDさんが使い込んでないか心配している。

(1) **取消権**　成年後見開始の審判により、成年被後見人がした法律行為は、原則として取り消すことができる（民9条本文）。取消権者は、民法120条1項に定められた制限行為能力者（成年被後見人）、その代理人（成年後見人）、承継人（成年被後見人の相続人）である。展開例3(1)において、成年後見人Dは、Bの布団の売買契約を取り消すことができ、契約ははじめから無効となる（民121条）。この場合、C店は、Bとの売買契約が締結されていなかったときの状態にする義務を負い（原状回復義務）、Bに対して代金を返還しなければならない（民121条の2第1項）。C店も、Bに布団を渡している場合には、布団の返還を求めることができる（同条1項・3項）。

ただし、成年被後見人が日用品の購入その他日常生活に関する行為を行った場合には、その行為は取り消すことはできない（民9条ただし書）。祖母Bが日常に必要な食料や衣類を購入していたような場合には、審判を受けていたとしても、その売買契約は取り消すことができない。日用品の購入等まで取り消されると、Bは、日常の生活を送ることに不都合が生じるからである。

では、成年後見人に選任された者は、成年被後見人の法律行為を取り消す以外にどのような職務を行うことになるのだろうか。

(2) **財産を管理する職務**　成年後見人Dは成年被後見人Bが所有している不動産の維持管理（家屋の修繕や固定資産税の支払など）、保有している貯蓄金

に登記事項証明書の交付を請求できるが、プライバシーを保護するために請求権者が一定の者に限られており、取引の相手方は、それらの者に対して証明書の交付を受けさせ、それを提示することを求めることになる。

➡8　無効と取消し
「無効」は、そもそも契約をしたときから法律上の効果が生じていない状態で、「取消し」は、法律上一定の場合（制限行為能力者の法律行為の取消しや詐欺・強迫を受けて行った法律行為の取消し）にかぎりすることができ、取消しがされるまでは、契約は有効な状態となっている。

➡9　成年後見人による郵便物等の管理
成年被後見人が誰かと取引をしている場合、その請求書等は本人宛の郵便物で送付されるのが通常である（金融機関からの請求書やクレジット会社からの利用明細書など）。しかし、本人の通信の秘密（憲法21条2項後段）の制約から、これまで成年後見人への郵便物等の回送が認められておらず、成年後見人は本人の財産とその状況を把握することが困難な場合もあった。
そこで、2016年の民法の一部改正により、成年後見人は、成年被後見人の財産を正確に把握するために、家庭裁判所の審判をえて、一定期間、成年被後見人（被保佐人・被補助人は含まれない）の郵便物等の配達を受け、それを開封することができるようになった（民860条の2および同条の3）。

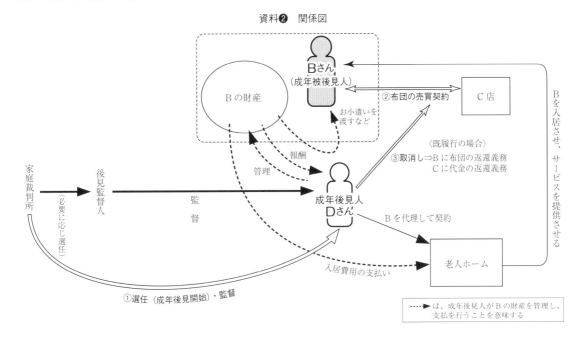

資料❷　関係図

→ は、成年後見人がBの財産を管理し、支払を行うことを意味する

などの財産管理を行うことになる。また、成年被後見人の所有している財産に関する法律行為を包括的に代理する権限も有する（民859条）。展開例3(2)において、Dは、Bを代理してBの銀行口座からBの生活に必要な費用の払戻しを受けることもできるし、場合によっては解約することもできる。また、必要に応じて、Bを代理してBが所有する不動産を売却し、Bの生活費を工面することもできる。ただし、「居住用不動産」の売却、賃貸等については、成年被後見人の生活に大きな影響を及ぼすため、家庭裁判所の許可が必要となる（民859条の3）。

成年後見人は、いわば成年被後見人の「財布」を預かっているのと同じ状態である。そのため、後見事務を行うにあたり、成年被後見人の財産目録の作成（民853条以下）、後見事務の報告等の義務（民863条）、終了時の計算義務（民870条）など様々な義務を負っている。

(3) **身上監護**　成年後見人は、成年被後見人の意思を尊重し、かつその心身の状態および生活の状況に配慮して（身上配慮義務）、財産管理・療養看護に関する事務をしなければならない（民858条）。もっとも身上監護の事務は、成年後見人が被後見人の身上に関する契約を締結する事務であり、成年後見人自身が成年被後見人のために事実行為（家事・排泄・入浴などの介助）を行うことまでを含んでいない。展開例3(3)において、Dは、Bが日常生活が送れるように介護保険契約や老人ホームへの入居契約を代理人として締結し、その契約が適切に履行されているかを監視する義務を負うことになる。そして老人ホームへの入居のために契約を締結すれば、契約に従い費用を支払う必要がある。

(4) **後見監督**　成年後見人も「人」であり、不正に本人の財産を使い込んでしまうかもしれない。誰かが成年後見人の業務が適切に行われているかを監視・監督する必要がある。展開例3(4)において、Bの親族など一定の者（ここではDの妹）の請求または家庭裁判所の職権により、家庭裁判所が必要があると認めるときは、**後見監督人**を選任することができる（民849条）。後見監督人と家庭裁判所は、いつでも成年後見人Dの事務についての報告等を求めることができ（民863条）、Dの職務を監督することになる。Dが、Bの財産を不正に流用していた場合、家庭裁判所は、Dを解任することができる（民846条）。また、Dは、Bに与えた損害について、賠償する責任を負う（民709条）。

4　認知症者が誰かに損害を与えてしまったら？

> ■**展開例4**　成年後見人のDさんは、Bさんが自宅で一人で暮らすのは困難と判断した。そのため、Dさんは、Bさんの老人ホームへの入居を検討していた。その矢先に、Bさんが隣町のE電鉄の駅の線路内に立ち入り、電車に跳ねられ死亡したとの知らせを受けた。Bさんはこれまで近所に出かけても一人で帰宅できており、人に迷惑をかけるようなことはなかった。E電鉄は、Dさんに対して、Bさんの事故により、電車の運休・遅延に伴う代替輸送等により損害が生じたとして、3000万円の損害賠償請求をした。

(1) **責任無能力者の不法行為**　人（加害者）が、故意または過失により他人の権利または法律上保護される利益を侵害し損害を与えた場合、損害賠償責任を負担する（不法行為責任〔民709条〕。本書❶⇔8参照）。しかし、その加害

⇨**10　成年後見人の死後の事務**

本人が死亡すれば成年後見業務は終了し、成年後見人は相続人に財産を引き渡さなければならない。本人の遺体の引取や火葬・埋葬などの死後事務は、一般的には相続人等の親族がすることが多い。しかし、親族がいない場合や親族が協力的でない場合、成年後見人に一定の死後事務が求められることもある。民法873条の2は、相続財産の保存行為や相続債務の弁済、死体の火葬・埋葬に関する契約を一定の要件のもと成年後見人が行うことを認めている。

者に責任能力がない場合には、その加害者は損害賠償責任を免れる（民712条）。自らの行為についての責任を弁識できないような者に対して、損害賠償責任を負担することになると、その保護が図れないからである。

　(2)　**監督義務者の責任**　　民法は、そうした責任無能力者が責任を負担しない場合には、その責任無能力者を監督する者（法定の監督義務者。本書❶5参照）に対して、被害者に生じた損害を負担することを認めた（民714条）。被害者は、この監督義務者に対して損害賠償を求めることができる。

　BのE電鉄の線路への侵入により事故が発生しEに損害が生じている場合、Bに責任能力があれば、B自身が不法行為に基づく損害賠償責任を負担することになる。しかし、Bが、認知症により責任能力がなかったと判断されれば、BはEに対して損害賠償責任を負担しなくてもよい。そして、Dが、714条の監督者に当たるということになれば、DがEに与えた損害について責任を負担することになる。

　成年後見人は成年被後見人の法定代理人であり（民859条1項）、療養看護の事務について配慮する義務を負う（民858条）。しかし、このような地位にあっても、直ちに714条の法定の監督義務者にはならない。成年後見人Dは、療養看護の事務について配慮する義務（3(3)参照）を負うのであり、この義務にはE電鉄への不法行為を防止する事実上の監督義務は原則として含まれないからである。ただし、例外的に、法定の監督義務者にあたらない者であっても、「責任無能力者との身分関係や日常生活における社会的接触状況に照らし、第三者に対する加害行為の防止に向けてその者が当該責任無能力者の監督を現に行いその態様が単なる事実上の監督を超えているなどその監督義務を引き受けたとみるべき特段の事情が認められる場合」には、「法定監督義務者に準ずる者」として、714条1項が類推適用され、損害賠償責任を負うことになる（最判平成28年3月1日民集70巻3号681頁：JR東海事件）。

- -

 成年後見人に選任される人はどんな人？

　成年後見制度が開始した2000年当初は、親族が成年後見開始等の申立てをし（親族申立てが約90%〔内：子が約40%〕）、親族が成年後見人等に選任されることが多かった（親族が選任されることが約90%〔内：子が約35%〕）。しかし、成年後見人等に就職すると、本人に代わって代理行為をするだけでなく、財産目録を作成し、年間の収支を予定し、業務を毎年報告するなどの事務作業をしなければならず、このような業務を日常的にしたことのない者にとっては負担が大きい。また親族後見の場合は、職業後見に比して、不適切な管理事例が圧倒的に多い状況にあった。このような経緯から、2012年には、司法書士・弁護士などの第三者後見人が親族よりも多く選任されるようになり、2020年以降は第三者後見人が80%以上選任されている（ちなみに、一人暮らしの高齢者の増加を背景として、市区町村長による申立てが増える傾向にもある）。このような状況に対し、第三者後見人では、本人の身上に十分な配慮ができていないとの指摘があり、2017年以降、地方自治体の地域連携ネットワークにおいて、本人に寄り添える人が成年後見人になれるような協力体制を築くことが目指されている。

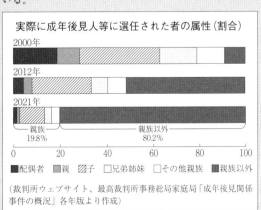

（裁判所ウェブサイト、最高裁判所事務総局家庭局「成年後見関係事件の概況」各年版より作成）

18歳からはじめる民法

15 祖父が亡くなったら

→1 本講の関係図は、以下のようになる。

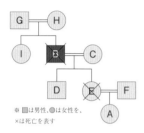

※ ■は男性、●は女性を、
×は死亡を表す

→2 血 族
　生物学的血縁がある者や養子縁組に基づき血族が擬制される者。親子関係で自分とつながる血族（父母、子、孫）が直系、それ以外（兄弟など）が傍系である。自分より上の世代（父母・おじ・おば）が尊属、下の世代（子・おい・めい）が卑属である。

→3 相続人が相続権を失う場合
　相続人は、被相続人や他の相続人を死亡させたために刑に処せられたり、被相続人の遺言作成などを妨害するなどした場合には、当然に相続権を失う（相続欠格、民891条）。
　また、被相続人に虐待や重大な侮辱を加えたり、その他著しい非行をした相続人がいる場合に、被相続人は家庭裁判所に請求することにより、その相続人の相続権を奪うことができる（相続人の廃除、民892条）。

→4 相続人がいない場合は？
　被相続人が遺産を承継する者を遺言で定めていれば、これによって承継者が定まる。遺言もなく、相続人もいない場合は、被相続人と生活を共にしたり介護したりして特に縁故のあった人（特別縁故者）の申立てがあれば、家庭裁判所はその人に対して遺産を分与できる（民958条の2）。特別縁故者もいなければ、遺産は国のものになる（民959条）。

→5 相続分の指定
　被相続人は、相続人の相続分を遺言で定めることもできる。この

設例　先日、Aさんの祖父であるBさんが亡くなった。Bさんには、妻Cさん、Cさんとの間に生まれた子であるDさんとEさんがいるが、Eさんはすでに亡くなっている。Bさんの遺産は、Cさんと一緒に住んでいた建物（1200万円）とその敷地（1200万円）、S銀行に対する普通預金債権（600万円）と、Tさんに対する金銭債務600万円である。Aさんは、亡EさんとFさんの間に生まれた一人っ子だが、Bさんの遺産を相続するのだろうか。

1 誰が、どれだけ、遺産をもらえるの？——相続人と法定相続分

(1)「誰が」もらえる？　　民法は、死亡した人（相続される人という意味で、**被相続人**とよぶ）の遺産について、誰が・どれだけもらえるかを定める。民法の規定によって遺産をもらう資格がある人を**相続人**という。まず、Bの配偶者Cは常に相続人となる（民890条）。また、Bと法律上血のつながりがある人（血族）も相続人になる。相続人になる血族は、次のように決まる。まず、設例のようにBに子がいる場合は、子（D）が相続人になる（民887条1項）。もし子がいなければ、Bの直系尊属（G・H）が相続人となり（民889条1項1号）、子も直系尊属もいないときは、Bの兄弟姉妹（I）が相続人になる（民889条1項2号）。

　ところで、E（Aの母）は、すでに死亡しているのでBの相続人になれない。すると、Eの子であるAは、Bの後にEが死亡した場合には、Eを経由してBの遺産を承継できるのに、たまたまBより先にEが死亡した場合には、Bの遺産を承継する可能性がなくなる。しかし、Eの死亡がBより先か後かという偶然により、孫のAの利益が大きく異なるのは不公平である。そこで、このような場合に、被相続人の子の子である孫Aは子Eの代わりにBを相続できる。これを代襲相続という（民887条2項）。設例では、Bの妻C、子Dと（子Eを代襲した）孫Aが相続人になる。

(2)「どれだけ」もらえる？　　民法は、相続人が取得する遺産の割合を定める。これを**法定相続分**という。設例では、妻C、子D、孫Aが相続人であり、AはEが受けるはずであった相続分を承継するので（民901条1項）、相続分は、Cが2分の1で、D・Aは残りの2分の1を等分し、各4分の1となる（民900条1号・4号）。もし、Bに子や孫がいなくてCと親G・Hが相続人ならば、相続分は、Cが3分の2で、残りの3分の1をG・Hが等分する（民900条2号・4号）。Cと姉Iだけが相続人ならば、相続分は、Cが4分の3で、Iが4分の1である（民900条3号）。

■展開例1　設例におけるBさんの遺産のうち、Tさんに対する債務が4000万円である場合にも、Aさんは相続しなければならないのだろうか。

（3）相続したくないときは？　相続人は、原則として、プラスの財産（積極財産）だけでなく、マイナスの財産（消極財産）も当然に承継する（当然包括承継の原則、民896条）。原則どおりに遺産を承継することを**単純承認**という（民920条）。設例では、Aは、積極財産（建物＋敷地＋預金）3000万円のうち、4分の1（750万円）を承継するが、相続債務（借金）も4分の1（150万円）を負担する（民899条）。しかし、展開例1では、Aは750万円分の積極財産を承継するが、1000万円の債務も承継する。この場合に、相続した積極財産で弁済しきれない債務（250万円）は、A自身の財産からも弁済しなければならない。このように遺産が債務超過の場合には、相続すると損なので相続したくないだろう。その場合、Aは相続を**放棄**することができる（民938条）。相続を放棄すると、最初から相続人ではなかったことになる（民939条）。債務を承継しなくてよいが、積極財産も承継できない。

　債務が積極財産より多いかどうかわからないときは、「相続するが、相続債務は積極財産の限度で弁済する」という方法も選べる（限定承認、民922条）。限定承認すると、例えばAが相続した債務が780万円の場合、相続した積極財産（750万円）で弁済しきれない債務30万円は弁済しなくてよい。相続した債務が700万円であれば、債務を弁済して残った積極財産50万円は、Aのものである。限定承認は相続人にとって最も有利な方法だが、実際には利用しにくい。限定承認は相続人全員でする必要があり（民923条）、Aが限定承認したくても、CやDが反対すればできないからである。

　放棄や限定承認は、相続が開始したことを相続人が知った時から3か月以内（熟慮期間）に、家庭裁判所に申述して行う（民915条1項・924条・938条、家事事件手続法201条・別表第一・92・95）。熟慮期間に放棄も限定承認もしなかった場合は、Aは相続を単純承認したことになる（民921条2号）。また、遺産に含まれる現金で車を買うなど、遺産を使った場合も、相続を単純承認したとみなされる（民921条1号）。遺産を使ったということは、遺産を自分のものだと思っていると評価できるからである。

場合は、相続人は、法定相続分ではなく、遺言で定められた相続分（指定相続分、民902条）をもつ。

➡6　非嫡出子がいる場合
　民法900条4号ただし書は、数人の子の中に非嫡出子がいる場合に、非嫡出子の相続分を嫡出子の相続分の2分の1とすること（以下、「本件規定」という）を定めていた。しかし、2013年9月4日に、最高裁判所は、本件規定は遅くとも2001年7月の時点で憲法に違反し、無効であったと判示した。これを受けて民法が改正され、本件規定は削除された。したがって、改正後の民法900条が適用される日（2013年9月5日）以後に開始した相続では、嫡出・非嫡出の別を問わず、子の相続分は均等である。また、本件規定を前提として遺産分割がすでに行われた場合を除き、2001年7月から2013年9月4日までの間に開始した相続についても、本件規定は、違憲なので適用されない。

 法定相続情報証明制度

　相続人は、遺産を相続すると、登記名義の移転、有価証券の名義の変更、相続税の申告など、各種手続をしなければならない。その際、相続人は、手続ごと・手続機関（法務局・金融機関・税務署等）ごとに、相続を証明する書類一式（被相続人の戸籍謄本・除籍謄本や相続人の相続資格を証明する書類等）を提出する必要があるが、書類の収集と提出には時間も費用もかかる。そこで、手続の簡素化と負担軽減のため、2017年5月29日から法定相続情報証明制度が新設された。これは、相続人が、登記所（法務局）に対して、所定の必要書類（被相続人の戸除籍謄本、被相続人の住民票の除票、相続人全員の戸籍謄抄本等）と、A4用紙に作成した「法定相続情報一覧図（右図参照）」を提出し、この一覧図の保管を申し出るものである。登記官は、一覧図に認証文を付した写しを作成し、相続人に無料で交付する。相続人は、以後の相続手続で、相続を証明する書類としてこの写しを利用できる。

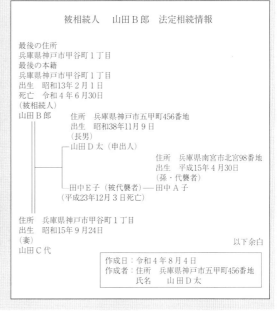

被相続人　山田B郎　法定相続情報

最後の住所
兵庫県神戸市甲谷町1丁目
最後の本籍
兵庫県神戸市甲谷町1丁目
出生　昭和13年2月1日
死亡　令和4年6月30日
（被相続人）
山田B郎　　　住所　兵庫県神戸市五甲町456番地
　　　　　　　出生　昭和38年11月9日
　　　　　　　（長男）
　　　　　──山田D太（申出人）
　　　　　　　　　　　　住所　兵庫県南宮市北宮98番地
　　　　　　　　　　　　出生　平成15年4月30日
　　　　　　　　　　　　（孫・代襲者）
　　　　　──田中E子（被代襲者）──田中A子
　　　　　　　（平成23年12月3日死亡）

住所　兵庫県神戸市甲谷町1丁目
出生　昭和15年9月24日
（妻）　　　　　　　　　　　　　　　　　　　　以下余白
山田C代

作成日：令和4年8月4日
作成者：住所　兵庫県神戸市五甲町456番地
　　　　氏名　　山田D太

2 遺産（建物・敷地・預金）はどう分ける？

➡7 100万円の払戻しを受ける
　には
　Aが必要とするのは100万円である。民909条の2で認められる額（50万円）を超えて払戻しを受ける必要がある場合は、家庭裁判所に遺産分割の調停等の申立てをしたうえで、保全処分（預金債権の仮分割の仮処分）を申し立てることになる（家事事件手続法200条3項）。家庭裁判所は、預金債権を行使する必要がAにあり、これを認めても他の相続人の利益を害しないと判断した場合にかぎり、預金債権の一部をAに仮に取得させることができる（＝Aが払戻しを受けられる）。

➡8　相続人間の公平を図るべき
　　もう1つの場合
　本文の例と異なり、Dが長年無償でBの事業に従事したおかげでBの財産が増えたという場合はどうか。この場合、Bの遺産の中にDの貢献によって増えた財産が含まれているとみることができる。Bの遺産を法定相続分で分けるのは、形式的には公平でも、実質的には公平ではない（Dのおかげで増えた財産の分だけ、Dだけでなく、何も貢献しなかったC・Aがもらえる遺産も増える）。そこで、民法は、被相続人の財産の維持・増加について特別の寄与をした相続人については、具体的相続分の算定の際に、その者のした寄与を遺産の一定額として評価して、その相続分に加算することにしている（**寄与分**。民904条の2）。例えばBの財産の増加についてDが特別の寄与をしたため、Bの遺産中、1000万円がDの寄与分とされたとする。このとき、遺産（計3000万円）からDの寄与分を控除した額（2000万円）を遺産総額とみなして、法定相続分で分ける。すると、各自の取り分はC：1000万円、D・A：各500万円になる。そのうえで、Dの取り分500万円にDの寄与分1000万円が加算され、Dがもらえる遺産は計1500万円となる。したがって、遺産は、C：1000万円、D：1500万円、A：500万円になるように分割されることになる。

➡9　家事調停委員
　弁護士となる資格を有する者、民事若しくは家事の紛争の解決に有用な専門的知識経験を有する者、または社会生活の上で豊富な知識経験を有する者で、人格識見の高い年齢40年以上70年未満のものの中から、最高裁判所が任命する（民事調停委員及び家事調停委員規則1条）。

■**展開例2**　Aさんは、海外留学に行くための資金を早急に用意する必要が生じたため、遺産であるBさんの普通預金から100万円ほど引き出したいと考えている。

　(1)　遺産をめぐる相続人間の関係　　C・D・Aは、Bの死亡により、法定相続分の割合（2：1：1）で、建物・敷地を共有し、預金債権を準共有する（**遺産共有**、民898条・899条）。これらの財産のどれが誰に最終的に帰属するかは、**遺産分割**という手続によって決まる。遺産分割までは、準共有状態にある預金債権について、各相続人が単独で権利行使する（払戻しを受ける）ことは、原則としてできない（民264条→民251条）。しかし、これでは、相続人に資金需要が生じても、遺産分割が成立するまで預金の払戻しを受けることができず不都合である。そこで、預貯金債権額（各預貯金債権ごとの債権額）の3分の1に各相続人の法定相続分を乗じた額については、預貯金債権の債務者（金融機関）ごとに150万円を上限として、例外的に、遺産分割前でも単独で払戻しを受けることができるとされている（民909条の2前段）。展開例2で、Aは50万円（600万円×1/3×1/4）だけならば、遺産分割前でも単独で払戻しを受けられる。この場合に、払い戻された預金債権は、Aが遺産分割によって取得したものと扱われる（民909条の2後段）。

　(2)　何を基準に分ける？　　遺産分割とは、文字どおり「遺産（のうち、積極財産）」を「分割」する手続だが、各自が取得する遺産（積極財産）の額を算定するにあたっては、《遺産（積極財産）の総額》ではなく、《被相続人が相続人に生前贈与した財産と、遺産（積極財産）との合計額》を法定相続分どおりに分ける、という考え方がとられる。相続人間の公平を図るためである。遺産（3000万円）だけを法定相続分で分けるとすれば、C：1500万円、D・A：各750万円となる。しかし、例えばDが8年前にBから生活の援助として1000万円をもらっていた場合（このような贈与を特別受益とよぶ）は、結果的にDは他の人より1000万円多く財産をもらったことになり、不公平になる。そこで、DがBからもらった1000万円は、本来は相続でもらうはずだったとみて、遺産（積極財産）3000万円に贈与1000万円を加算した4000万円を遺産総額とみなし、これを法定相続分で分けるとどうなるかを考える（民903条）。すると、各自の取り分は、C：2000万円、D・A：各1000万円になる。そして、Dは1000万円をBからすでにもらっているので、Dの取り分1000万円からこれを引くと、Dがもらえる財産は0となる。したがって、遺産（積極財産）は、C：2000万円、D：0円、A：1000万円になるように分割される（こうして算定された取得額を**具体的相続分**という。なお、次頁コラム参照）。

　(3)　どんな分け方があるの？　　分割方法には、建物はC、敷地はD、預金はAというように現物を各自に割り振る方法（現物分割）、遺産を換価して得られた代金を分ける方法（換価分割）、Cが遺産すべてを取得する代わりに、その超過分をD・Aに金銭で支払う方法（代償分割）などがある。どのような方法で誰がどの財産をもらうかは、相続人全員で協議して決める（協議分割、民907条1項）。もし協議がまとまらなければ、誰からでも残り全員を相手に調停を申し立てることができる（調停分割。民907条2項、家事事件手続法244条・274条1項・別表第二-12）。調停では、裁判官1人と家事調停委員2人

以上が、各相続人の事情や意見、遺産の状況を把握したうえで、助言をしたり分割案を提示して、相続人全員が納得できる結果になるよう話し合いがされる（家事事件手続法248条）。協議分割でも調停分割でも、全員が合意すれば具体的相続分と異なる分割をしてもよい。

調停でも分割が成立しなければ、合意による解決はあきらめて、家庭裁判所の審判で決めてもらうことになる（審判分割）。家庭裁判所は、具体的相続分に基づき、遺産の種類や性質、各相続人の年齢・職業・心身の状態および生活の状況その他一切の事情を考慮して、分割を行う（民906条）。

設例で、Cが建物・敷地・預金を取得するという内容の遺産分割協議がされたとする。その結果、Cは建物・敷地・預金を、相続開始時から単独で承継していたことになる（民909条本文）。[10]

3　借金はどのように負担する？

T（債権者）との関係で、C・D・Aは法定相続分に応じて債務を負担する。Cは300万円、D・Aは各150万円の返済をTから求められる（民427条）。

4　もし、祖父が遺言をのこしていたら？

■展開例3　AさんがCさんを手伝ってBさんの遺品整理をしていたところ、金庫の中から、Bさんの遺言書（資料❶）が見つかった。

(1) 遺言をするには？　Bは、相続人でない者に対して死後に財産を与えたい場合は、その旨の意思を表示しておかなければならない。このような意思表示を遺言という。ただし、Bの遺言が有効に成立するには、遺言時にBに意思能力があり[11]、民法の定める方式に従って意思が表示されていなければならない。例えば、Bが友人Xに「私が死んだらおまえに全財産をやる」と口頭で表示したとしても、遺言としては無効である。なぜだろうか？仮に、Xが「Bは私に全財産をやると言った」と主張したとしても、C・D・A

➡10　相続税
　相続で取得した財産には相続税が課されることがある。相続税は、2015年1月1日以降に開始した相続の場合は、課税対象となる遺産額が基礎控除額（3000万円＋〔600万円×法定相続人の数〕）を超えるときに、その超える部分に課税される。国税庁の発表によると、2020年中に亡くなった人（被相続人数）は約137万人、このうち相続税の課税対象となった被相続人数は約12万人で、課税割合は8.7％である。

➡11　意思能力
　意思能力については本書⓮➡1参照。意思能力があることを前提として、満15歳以上の者は有効に遺言できる（民961条）。

「所有者不明土地」問題

　近年、人口減少と都市部への人口集中により、地方における土地の利用ニーズが低下したために、所有者が不明な土地（その所有者が登記簿から直ちに判明しないか、判明しても所在不明である土地）が多く生じている。所有者不明土地は、相続開始後に遺産たる土地について相続登記がされなかったり、遺産分割がされずに時が過ぎ、遺産共有関係が不明または複雑になるなど、相続を契機として生じることが多い。そこで、所有者不明土地の発生を防ぐために、2021年の民法・不動産登記法改正により、相続登記につき、手続・費用の負担を軽減して申請を義務化するとともに、相続開始から10年経過後は、具体的相続分ではなく法定相続分に基づいて簡明に遺産分割を行えることとした（民904条の3）。また、すでに生じた所有者不明土地を適正に利用活用できるように、財産管理制度や共有制度の見直し等がされた。さらに、2021年に制定された「相続等により取得した土地所有権の国庫への帰属に関する法律」により、土地を相続により取得した者がその土地の所有権を放棄することもできるようになった。

（二〇一九年八月二日　日本経済新聞）

は「Ｂはそんなことを言ってないのではないか」「言ったとしても冗談ではないか」と疑うだろう。かといってＢに真意を聞こうにもＢは死んでいて確かめようがない。そこで、民法は遺言の方式を定めて、遺言者に方式に従って遺言書を作成させることにした。これによって、遺言書に示された意思が遺言者の真意であることがその死後も保障され、その意思内容が確保される。

遺言の方式には普通方式と特別方式があるが、普通方式が原則である。普通方式には**自筆証書遺言**（民968条）、**公正証書遺言**（民969条・969条の２）および秘密証書遺言（民970～972条）の３つがあるが、よく用いられるのは前２者である。^{➡12}特別方式は、遺言者が死亡の危機に瀕している場合（民976条・979条）や交通の遮断された場所にいる場合（民977条・978条）など、普通方式で遺言できない場合に例外的に認められる。

自筆証書遺言は、原則として遺言の全文・日付・氏名を遺言者が自書して押印する遺言方式である（民968条１項）。ただし、自筆証書に一体のものとして相続財産の目録（**資料❶**）を添付する場合は、この目録にかぎり、自書である必要はなく、代筆やワープロで作成されたものでもよい（民968条２項前段）。自書によらない目録を添付する場合は、遺言者自身によって目録が添付されたことを明らかにするために、遺言者は目録の各頁に署名・押印をしなければならない（民968条２項後段）。展開例３で、Ｂの遺言はこれらの方式要件を満たしているので、有効に成立している。自筆証書遺言は、遺言の存在や内容を他人に知られたくない場合や安価に作成したい場合に適するが、その反面、遺言書が紛失したり、発見してもらえなかったり、他人に破棄されたりするおそれがある。^{➡13}

公正証書遺言は、公証人と証人２名が立ち会って遺言者が口述した遺言内容を、公証人が筆記して作成する。^{➡14}公正証書遺言は、公証人の関与により法的に正確な文言の遺言書を作成できるし、原本が公証役場に保管されるので紛失したり改ざんされるおそれもない（検認手続も不要である）。^{➡15}しかし、遺言の存在や内容を他人に知られるおそれがあるし、手数料もかかる。^{➡16}

遺言で誰かに財産を与える行為を**遺贈**という（民964条）。展開例３におけるＢの遺言（**資料❶**）により、Ｘには建物・敷地・預金が遺贈されている。Ｘ（遺贈を受ける人＝受遺者）は、Ｂの遺産を欲しくなければ遺贈を放棄すればよい（民986条）。Ｘが放棄しなければ、遺贈に基づき、Ｂの遺産である建物・敷地・預金は、Ｂの死亡時からＸに帰属する（民985条１項）。相続人Ｃ・Ｄ・Ａは、Ｔに対する債務のみを法定相続分に応じて承継することになる。

（２）　**遺言内容はどのように実現される？**　では、遺言内容はどのように実現されるのだろうか。まず、遺言書を発見したＡは、家庭裁判所に遺言書を提出して、相続人らの立会いのもと、遺言書を検認してもらわなければならない（民1004条。検認の期日は、裁判所書記官から、Ａや他の相続人に通知される）。Ａは、どんなに納得できない内容の遺言書でも、破棄してはいけない。そんなことをすると相続権を失う（相続欠格、民891条５号。➡３参照）。検認が済むと、検認済の証印を付された遺言書が返還される。遺言書が検認されたことは、Ｘにも通知される。そのうえで、建物・敷地の登記名義がＢからＸに移転されたり（不動産登記については、本書**⓫**参照）、Ｘに対して預金払戻しの手続がされるなどして、遺言内容が実現される。これらの手続は、Ｂや家庭裁判所が遺言を執行する人（遺言執行者）を指定・選任していれば遺言

執行者が（民1012条2項）、遺言執行者がいない場合は相続人らが行うことになる。

（3）　Aは何ももらえないの？―遺留分制度　　Bがすべての積極財産をXに遺贈した以上、相続人C・D・Aは積極財産を何も取得できない。しかし、Cらは、Bの財産形成・維持に貢献したり、Bによって生計を維持していたのであり、Bの死亡に際して何ももらえないのは困る。遺産を相続できると思っていた家族の期待を保護する必要もある。そこで、一定範囲の相続人（遺留分権利者）には遺産の一定割合についての権利（遺留分権）が保障されている。すなわち、遺留分権利者は、遺贈によって遺留分が侵害されている場合には、その侵害額に相当する金銭の支払を受遺者に対して請求することができる（遺留分侵害額請求権、民1046条）。

遺留分権利者は、被相続人の配偶者・直系卑属・直系尊属のうち、相続人となった者である（兄弟姉妹は相続人になっても遺留分はない）。民法は遺留分権利者全員の総体的な遺留分を定める。総体的遺留分は、直系尊属のみが相続人の場合は遺産の3分の1、それ以外の場合は遺産の2分の1である（民1042条1項2号）。総体的遺留分を各自の法定相続分で分けると、各自の遺留分になる（民1042条2項）。設例では、相続人は妻C、子（孫）D・Aなので総体的遺留分は遺産の2分の1で、各自の遺留分はCが4分の1、D・Aが各8分の1となる。Aの遺留分額は、遺産の積極財産額3000万円から債務600万円を引いた額（2400万円）に、Aの遺留分を乗じた額（300万円）である。Aは積極財産を何も取得せず、相続債務150万円を承継した結果、その遺留分を450万円侵害されている。そこで、Aは、Xに対して、遺留分侵害額請求権450万円を支払うよう求めることができる。このように遺留分侵害額請求権が行使されても、Xに対する遺贈は有効なままである。Aは、遺産そのもの（現物）は何も取得することはできないが、遺留分侵害額に相当する金銭の支払をXから受けることにより、遺留分（Bの相続において、Aに保障されるべき遺産取得額）を確保することができる。

➡17　**遺留分額の算定**

　遺留分権利者の具体的な遺留分額は、【〔遺留分算定の基礎財産〕×〔総体的遺留分率〕×〔遺留分権利者の法定相続分〕】によって算定される。このうち、遺留分算定の基礎財産は、【〔相続開始時の積極財産〕＋〔被相続人が贈与した財産（民1044条）〕－〔相続債務の全額〕】によって算定される（民1043条1項）。なお、〔相続開始時の積極財産〕には遺贈された財産も含まれる。この算定式に従い、本文でも述べたように、（3000＋0－600）×1／2×1／4＝300万円が、Aの遺留分額となる。

➡18　**遺留分侵害額の算定**

　遺留分権利者の遺留分侵害額は、【〔遺留分権利者の遺留分額〕－〔遺留分権利者が受けた贈与の額〕＋〔遺留分権利者がその相続分に応じて承継する遺産の価額〕）＋〔遺留分権利者が負担する相続債務の額〕】によって算定される。Aの遺留分侵害額は、この算定式により、300－（0＋0）＋150＝450万円となる。

. . . .

資料❶　自筆証書遺言と相続財産の目録

遺言書

別紙目録に記載の財産すべてを
友人の鈴木X子に与える。

2010年1月1日
山田B郎㊞

物件等目録

第1　不動産
1．土地
　　所在　神戸市甲谷町1丁目
　　地番　234番5
　　地積　150.20㎡
2．建物
　　所在　神戸市甲谷町1丁目234番地5
　　家屋番号　234番5
　　種類　居宅
　　構造　木造瓦葺2階建
　　床面積　1階　75.50㎡
　　　　　　2階　62.20㎡
第2　預金
1．S銀行甲谷支店　普通預金　口座番号：123YZ456

以上

山田B郎㊞

←

相続財産の目録としては、不動産の地番・面積、預貯金債権に関する金融機関名・口座番号等を記したリストのほか、登記事項証明書や通帳の写し等を添付することもできる。

16 民法の世界を整理したら

1 民法とは何か

　本書は、民法の骨格をわかりやすく示すために、重要で基本的な事柄を取り上げて説明してきた。概念や体系を先に述べる方法では、読者に興味をもって読み進めてもらうことが難しいと考えたからである。しかし、より進んだ学習をするためには、その「道しるべ」として民法の全体像を理解することが必要となる。そこで、本講では、まず民法とは何かを説明し、次に民法の体系の中で各講の項目がどう位置づけられるかを眺め、あわせて基本的な用語を整理する。その後で、民法の学び方を説明し、学習の参考となる基本文献を紹介することにしよう。

　(1) 民法典　六法の「民法」の最初の頁を開いてほしい。「民法」という名前の法律 (明治29〔1896〕年法律89号) を見つけることができるだろう。「民法」といえば、まずは、この法律を指す (形式的意味での民法。形式民法、民法典ともいう)。他方、「民法」という言葉は、広く私人間の法律関係を規律する規範 (実質的意味での民法。実質民法ともいう) を意味するものとして使われることも多い。最高裁判所の判断により、民法典にない新しいルールが作られており、これを判例とよぶ。また、借地借家法や消費者契約法、特定商取引法などの特別法は (後述 **2**(3)(b)) 民法の規律を修正・補完するものである。現在機能している実質的意味での民法を理解するには、こうした判例や特別法をも十分に知っておく必要がある。

　(2) 民法の歴史と近時の改正論　わが国の民法典は、第1編総則、第2編物権、第3編債権、第4編親族、第5編相続の5つの編別から構成されている (こうしたシステムのことをパンデクテン体系という。➡ 7 参照)。第1編～第3編 (財産法) は1896 (明治29) 年4月27日に、第4編～第5編 (家族法) は1898 (明治31) 年6月21日に制定され (101頁コラム参照)、ともに1898年7月16日に施行され、すでに1世紀を超える歴史がある。このうち、家族法部分は、第二次世界大戦後に、個人の尊重と男女の平等を旨とする日本国憲法の制定を受けて、全面的に改正された。一方、財産法部分は、2004年に「現代語化」され読みやすくなったものの、内容的には全面的な改正を受けておらず、当時ほころびが目立ち始めていた。そこで、2009年10月28日に開催された法制審議会の総会において法務大臣より民法改正が諮問され、同法制定以来の社会・経済の変化への対応を図り、国民一般にわかりやすいものとする等の観点から、契約に関する規定を中心に見直しを行う必要があるとされた。同審議会の民法 (債権関係) 部会は、数年にわたって検討を行い、民法の改正案が提示された (**資料❶**参照)。その後、明治民法の制定後120年ぶりの大改正 (債権関係) として、2017年6月2日に公布された (平成29年法律44号。

➡1 六法 (ろっぽう)
　本来、憲法、民法、刑法、商法、民事訴訟法、刑事訴訟法の6つの法典のことをいうが、それから転じて、多数の法律を集めた法令集を指す。
　こうした六法の中心には「憲法」がある。憲法は、国家の最高法規であり、国の統治権や基本的な機関・作用の大原則、さらには国民の権利と義務などを定める法律である (国会・裁判所・内閣の三権や生存権などの基本的人権等がその例である)。こうした法律を含めて、わが国には数千の法律が存在している。「六法」についての紹介は、後掲基本文献案内内を参照。

➡2 判例
　「最高裁判所の個々の裁判例を通じて形成された規範であって、その後の事件を拘束するもの」のことをいう。判例を、法律と同じような法源とみてよいかは議論がある。多数説では、裁判所に立法権限がないこと、裁判所法4条が最高裁判所の判断はその事件について下級裁判所を拘束すると定めることを理由に、判例を正面から法源の1つとみることには否定的である。そうした見方からは、判例は事実上、法として機能しているものにすぎない。しかしながら、具体的な事件を判断するうえでは、法律とともに、判例の知識が不可欠であることは認識しておいてほしい。

➡3 民法改正の資料
　法制審議会および各部会における資料や議事録については、法務省のホームページに掲載されている (http://www.moj.go.jp/shingi1/shingikai_saiken.html)。

2020年4月1日施行）。

　この民法改正は、主に債権法・契約法に関係する規定を現代化したものである（内容については**資料❶**参照）。それには、これまでの判例法理を条文の形式でわかりやすく示したものだけでなく、多くの新たな規律が含まれている。いずれにせよ、同改正は実務にも大きな変化をもたらすことになろう。その後も、民法改正は継続しており、いくつかの重要な改正法が成立した。民法の成年年齢が20歳から18歳に引き下げられた。この間、所有者不明土地問題に関係して相隣関係の規定等の改正が成立した（令和3年法律24号。2023年4月1日施行）。相続法の改正では配偶者の居住の権利を保護するための方策や自筆証書遺言の方式を緩和するなどの項目が盛り込まれた。親族法の分野では、特別養子制度の改正が成立した。これにより、特別養子縁組における養子となる者の年齢要件が原則6歳未満から15歳未満に引き上げられた。同制度については、本書❸➡17も参照。また、2022年12月10日に民法の親子法制に関する改正が成立し（令和4年法律102号。同月16日の公布日より1年6月以内に施行予定）、嫡出推定規定や認知規定が見直され、再婚禁止期間が撤廃された（本書⓬75頁コラムも参照）。

2　民法典の構成

　（1）　民法は総則が大好き？　　日本の民法典が採用するパンデクテン体系の特徴は、編別の構成の最初に「総則」が置かれていることにある。わが国の民法典の冒頭には総則が置かれている。それだけでなく、各編、各章、各節、各款においても総則が設けられ、それぞれの箇所における共通のルールがまとめられている。例えば、物権、債権、親族、相続のすべての編の冒頭に総則が置かれている。第3編「債権」を例にして説明すると、第1章「総則」の次には第2章「契約」が続き、その中には第1節「総則」があり、その後に続く第3節「売買」の中の第1款にも「総則」が存在している。

　このような「総則」は、具体的な諸規定を集めてそこから共通の通則を抜

➡4　成年年齢の改正
　正式名称は、「民法の一部を改正する法律」（平成30年法律59号。2022年4月1日施行）である。この成年年齢の引下げにより、不当な取引から19歳、18歳の年齢層を保護するための法的手段である未成年者取消権を利用することができなくなった。そうした背景の下で、ほぼ同時に、消費者契約法の改正（平成30年法律54号。2019年6月15日施行）が行われ、若年者の保護、さらには高齢者等の保護を図るための規制として、消費者契約法4条3項の困惑類型が拡張され、そこに「社会生活上の経験不足の不当利用」類型に関する規定等が新たに追加された。2022年消費者契約法の改正も含めて本書❹21頁コラムも参照。

➡5　相続法の改正
　正式名称は、「民法及び家事事件手続法の一部を改正する法律」（平成30年法律72号）である。一部の規定を除き、2019年7月1日に施行された。

➡6　特別養子制度の改正
　正式名称は「民法等の一部を改正する法律」（令和元年法律34号）である。2020年4月1日に施行された。

➡7　パンデクテン体系
　こうした民法の組み立て方は、ローマ法の学説彙纂（いさん）という整理の仕方にならったものであり、パンデクテン体系とよばれる。日本民法が手本にしたドイツ民法はこのパンデクテン体系を採

資料❶　改正民法（債権法）の新聞記事と主なポイント

改正民法20年4月施行
120年ぶり　契約ルール抜本見直し

　政府は15日の閣議で、民法を2020年4月1日に施行することを決めた。民法制定以来、約120年ぶりに債権部分を抜本的に改める。今年5月の通常国会で成立した。インターネット取引の普及などを反映する。

　企業や消費者の契約ルールを定める債権関係規定（債権法）に関する改正が200項目に及び、周知を図る。

　など時代の変化に対応し、消費者保護を重視した。改正は200項目に及び、周知を図る。そうだ。

　インターネット通販など、不特定多数の消費者との取引をする企業が示す「約款」の規定を新設。「約款」されている現在は事業者が一方的に顧客の利益を一方的に害するような条項は無効になると定めた。

　契約内容の確認不足などでトラブルになる場合が個人で保証人になる場合、公証人による自発的な意思の確認が必要になる。リスクを十分に認識せずに自己破産に追い込まれるような事例を防ぐ。

　当事者間で利率を定めない際に適用する「法定利率」は引き下げ、低金利の現状に合わせた。現在は年5％で固定されているが、当面は年3％に引き下げ、3年ごとに見直す変動制も導入する。

　連帯保証制度は、中小・零細企業への融資などで、親族や知人など第三者が個人で保証人になる場合、公証人による自発的な意思の確認が必要になる。

　3年ごとに見直す変動制も導入する。

　賃貸住宅の敷金について、退去時に原則として返すと明文化した。

（二〇一七年　十二月　十五日　日本経済新聞）

●民法制定以来約120年間の社会経済の変化に対応

1　保証人の保護に関する改正
　(1) 極度額の定めのない個人の根保証契約は無効
　(2) 公証人による保証意思確認の手続を新設

2　約款（定型約款）に関する規定の新設→特集コラム（本書56-57頁）を参照
　信義則に反して顧客の利益を一方的に害する不当な条項の効果の否定。

3　法定利率に関する改正
　法定利率を年5％から年3％に引下げ。3年ごとに見直す変動制に

4　消滅時効に関する改正
　期間5年または10年。人身損害については10年を20年に延長

●裁判や取引実務で通用している基本的なルールを明文化

1　意思能力に関するルール
　意思能力（判断能力）を有しない状態になった方がした法律行為（契約など）は無効

2　錯誤規定の修正

3　代理権濫用の明文化

4　賃貸借（敷金）に関するルール
　通常損耗や経年変化は原状回復義務がない。

（法務省HP　http://www.moj.go.jp/content/001254263.pdf を参照して作成）

用している。しかし、日本民法の
もう1つの手本であるフランス
民法は、同じくローマ法に起源を
もつが、これとは異なる組み立て
方を採用している。

➡8　パンデクテン体系の問題点
　こうしたパンデクテン体系によ
る抽象化には、現実の法律関係と
規定の対応を複雑にし、その理解
を困難にするという欠点がある。
例えば、売買契約に関連する規定
をみようとすると、債権編中の売
買のみならず、契約総則、債権総
則、民法総則などにも分散してお
り、前提となる民法についての体
系的知識がない場合には、これら
の規定を探し出すことはかなり難
しい作業となる。

➡9　法定債権関係
　これに属するのは、不法行為の
他、事務管理（民697条以下）、不
当利得（民703条以下）である。

き出して、さらにそのような通則を集めて、またその上に通則を作るという
方法によって生み出されたものである。立法者は、こうしたパンデクテン体
系による抽象化を行って民法全体を1つの論理的な体系として形成した。➡8

　(2)　本書で取り上げたテーマと民法典を関係づけたら？

　(a)　民法の体系と本書の内容　　本書で取り上げたテーマは、❶バイクで人
身事故を起こしたら、❷インターネット上で中傷されたら、❸電動自転車を
購入したら、❹スーパーで食品を買ったら、❺英会話教室に通ったら、❻イ
ンターネット通販で靴を買ったら、❼友人に貸した自転車を取り戻した
い、❽入学するときにお金を借りたら、❾自分のクレジットカードを作った
ら、❿アパートを借りたら、⓫親が家を新築したら、⓬ある友達の「結
婚」、⓭親が離婚したら、⓮祖母が認知症になったら、⓯祖父が亡くなった
ら、である。これらの内容を民法の体系の中に位置づけてみると、資料❷の
ようになる。

　(b)　財産法と家族法　　5つの編から構成される民法典は、まずは大きく2
つのパートに分けることができる。前3編は、財産の所有や取引などに関す
る基本的な法律関係を規律していることから、「財産法」とよばれている
（❶〜⓫、⓮が扱う問題である）。後の2編は、夫婦や親子というような家族的
身分関係を扱う親族法と、主にこれに基づいて発生する相続関係を扱う相続
法からなり、あわせて家族法または身分法とよばれる（⓬〜⓯がこれに関係す
る）。さらに、第2編と第3編は、それぞれ物権法、債権法とよばれる。

　(c)　物権法　　例えば、自分の所有している物が盗まれた場合には、それ
を返せといえるのかは所有権の問題となる（❼）。また、不動産を売買したと
きには、その不動産の所有権はいつ移転することになるか、どうすれば自分
の物としてその権利を確実にすることができるかなども、物権法が扱う物権
変動の問題となる（⓫）。他にも、不動産を担保に入れてお金を借りることが
ある。お金を借りること自体は金銭消費貸借契約となり、契約法の問題であ
るが、不動産を担保にとることは担保物権・抵当権の問題となる。抵当権
は、所有権とは異なり、物を占有しうる権利ではないが、その物を支配する
効力は物権と共通するものとして認められ、物権編に規定されている（⓫）。
このように、第2編物権は、所有権を中心として、人が一定の物を支配する
こと（使用・収益・処分など）を内容とする権利（これを物権という）について、
その種類、内容および変動（発生・変更・消滅）の方法を規定するのである。

　(d)　債権法　　債権法は、大きく@契約に関する規律と⑥不法行為に関す
る規律に分けることができる。@は合意に基づく法律関係であり（❸〜⓫）、
⑥は合意に基づかない、いわば法律が定めた法律関係（法定債権関係）である➡9
（❶、❷）。まず、@の契約の典型例として、売買契約を挙げることができる
（❸）。売買契約が締結された場合、買主は、契約に基づいて目的物の引渡し
を請求することができる。他方で、売主は代金の支払を請求することができ
る。契約がうまくいけばよいが、そうでない場合が問題である。例えば、引
き渡された物や給付された役務が契約の内容に適合しない場合である
（❸、❹、❺、❻）。この他、お金を借りる契約（金銭消費貸借:❽、❾、⓫）や、
自転車やアパートを借りる契約（使用貸借:❼、賃貸借:❿）、家を建ててもらう
契約（請負:⓫）、英会話教室の受講契約（委任・準委任:❺）も、債権編にそれ
を規律する規定がある契約（典型契約）である。他方、民法に直接的な規定が

置かれていない契約類型（非典型契約ともよばれる）も存在しており、民法の規定を参照してその効果が決定されることがある。これらの契約のうち、不特定多数に対して用いられる約款による契約については、特別の規律によってその効力が否定されることがある（特集コラム参照）。ⓑの不法行為の場面では、被害者は加害者に対してどのような場合にどのような請求をすることができるのか（❶、❷）が問題となる。

　上記のような問題群は、物の引渡しであれ、金銭的な請求であれ、抽象的にいえば、人が他の人にある行為・給付を請求しうることを内容とする権利（これを債権という）に関する問題である。第3編債権は、こうした債権の内容・効果および、その発生原因のうちの重要な場面を規定している。

　(e)　総　則　　第1編総則は、民法典全体に共通する事柄に関する規定を集めたものである。それは、権利に関する事柄となる。なぜなら、民法は、私人間の生活関係を権利・義務関係として把握し、これを権利の面から規定するものだからである。権利を想定するとき、誰が誰に対してどのようなことを要求できるのか、が問題となる。その権利の内容が実現できなければ、「権利」とはいえないからである。総則には、こうした場面で必要となる要素が規定されている。つまり、権利の主体としての「人」、権利の客体としての「物」、権利の変動原因の通則として「法律行為」（人の意思に基づく変動原因）と「時効」（時の経過による変動原因）が定められている。「人」の取引主体としての側面（権利能力、意思能力、行為能力）については、❸、⓮、⓯が扱う。「法律行為」の章には、契約の効力を否定するための重要な手段が規定されている。意思表示の規定や公序良俗の規定がそれである（❹、❺、❻、⓮など）。

　(3)　私法の一般法としての民法　　(a)　公法と私法　　憲法は、国民の基本的人権を定め、国の統治機構についての規定を置いている。行政法は、公的な権力をもつ国や地方公共団体が当事者となって行政目的を実現する関係を規律する。刑法は、犯罪とそれに対する刑罰を定める。これらの法では当事者の一方が公権力の担い手で、一定の支配服従の関係が認められる。こう

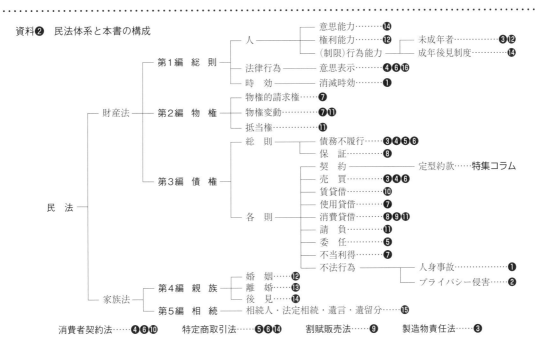

資料❷　民法体系と本書の構成

　公法に属する法律としては、本文で述べたとおり、憲法、行政法、刑法などであり、私法に属するものとしては、民法、商法、借地借家法、消費者契約法、利息制限法などである。

→11　複合法・混合法
　消費者問題に関連した行政法規（業法）は、複合法としての性質をもつものが多い。例えば、特定商取引法（本書❺および❻参照）では、一定の違反があった場合、事業者に対して業務停止などの行政規制・指導をしたり、罰則を科したりする公法規定が置かれている。他方、クーリング・オフや取消権、中途解約権などの規定もあり、これらは契約の効力に関係しており、私法規定である。

→12　消費者契約法6条
　消費者法の分野では、一般法・特別法のいずれを選択して主張してもよいと定められている場合がある。例えば、事業者と消費者との契約関係に適用される消費者契約法6条は、消費者契約法が適用できる場合であっても、民法96条（詐欺）の適用を排除しないとの定めを置いている。特定商取引法にも同種の規定がみられる。消費者にとって両方主張できるとした方が有利であることを考慮した規定である。

→13　裁判
　裁判とは、社会紛争の解決手段の1つであり、ある一定の権威をもつ第三者の判断に紛争当事者を従わせることで紛争を解決させるところに特徴がある。一般に、裁判所で行われる訴訟手続自体を「裁判」ということが多い。しかし、訴訟法上の用語として用いられる場合は、裁判所が、法定の形式に従い、当事者に対して示す判断（またはその判断を表示する手続上の行為）のことをいう。裁判の形式には、①判決、②決定、③命令がある。①は、裁判所が口頭弁論を経たうえで判断を示すものをいう。これに対して、②と③は、訴訟手続上の付随的な事項について判断を示す場合などに行われ、②は裁判所が行い、③は裁判官（裁判長など）が行う。

した国と地方公共団体相互間およびそれらと私人との関係を規律する法を公法という。これに対して、私人と私人との関係を規律する法を私法という。私法においては、当事者は対等な立場にあると想定されており、その間に支配従属の関係は予定されていない。私法の特徴として、直接的に関係を規律するのではなく、私人が互いの権利義務関係を自ら作り出すことに助力したり、中立的な立場から処理したりすることに重点が置かれている。民法は、私人間の権利義務にかかわる関係を扱うものであって、この私法に属する。ところで、こうした公法規定と私法規定が1つの法律に取り込まれている場合があり、複合法とか混合法とかよばれている。

　(b)　一般法としての民法とその特別法　　一般法とは、適用される人・事項・地域などに限定がない法律をいう。例えば、民法は私法の一般法であり、私人と私人相互間の生活関係を広く規律する。これに対して、特別法とは、適用される人・事項・地域などが限定されている法律をいう。例えば、借地借家法は土地や建物を貸す人と借りる人に限定して適用されるものであり、適用対象が限定されている。また消費者契約法の適用対象は、消費者と事業者間の契約である。これらは民法との関係では特別法となるものであって、個々の適用領域の特性を考慮した規律が置かれている。

　①特別法は一般法に優先して適用されるという原則がある（さらに、本書❹→16も参照）。売買の目的物の種類、品質または数量について引き渡された物が契約の内容に適合しない場合、売主は通常は債務不履行責任を負うことになる。もっとも、民法上、売主はその場合に不履行の責任を免れるとの特約（いわゆる免責条項）をすることができ、それは、売主がその不適合について知っていた場合を除き、原則として有効となる（民562条1項本文・572条参照）。つまり、民法上は、売主はそうしたリスクを買主に移転することが許されているのであるが、事業者と消費者との間に力の格差がみられる消費者契約の場合にはそうではない。事業者は、売主として追完の責任や減額の責任を負わないとするのであれば、損害賠償責任の全部または一部を免れることができない（消費者契約法8条1項柱書、同条2項柱書および同項1号参照。なお、第三者がそうした責任を負う場合は別）。このように、消費者契約としての性質をもつ契約関係においては、消費者保護を目的とする特別法である消費者契約法が、一般法である民法に優先して適用されることになる。

　次に、②特別法に規定がなければ、一般法が適用されるというルールを説明しよう。例えば、百貨店とその仕入先業者との取引は、商人間の取引となり、商法の規律対象となるが、一方当事者に債務不履行があった場合には、商法にはそれに関係する規定がないことから、民法の規定（民412条〜422条など）が適用される。

　(4)　民法は権利の実現にとって役に立つの？——実体法と手続法　　例えば、AがBから金製の腕時計を100万円で購入したとする。ところが、売主であるBが買主であるAに100万円の支払を請求したところ、Aがこれを拒んだとしよう。Bが実際に100万円を得ようとすると、次の2つの段階を経ることが必要となる。第1の段階として、BがAから100万円を受け取る権利があることが認められる必要がある。第2の段階は、Aに実際に支払をさせることである。こうした権利の存否をめぐって私人間に紛争が発生した場合には、最終的には裁判となって、裁判官が権利の存否を判断することにな

る。その際、裁判官は、次に説明する実体法と手続法という2つの種類の法に従って判断を行うのである。

　(a)　**実体法**　A・B間の売買契約により、BはAに対して代金を請求する権利を有する（民555条）。しかし、AはBにだまされて、全く価値のない金メッキの時計を純金の時計であるとして購入させられていたことが判明した場合はどうだろうか。この場合には、Aは民法96条（詐欺）の規定によって、この契約を取り消す権利を有する。そして、この取消権（形成権）の行使（取消しの意思表示をすること）によって、121条が規定する取消しの効果（遡及的無効）が発生することになる。Aの取消権の行使によって契約関係がなくなり、その関係に基づいて発生しているBの権利は消滅する。腕時計の代金100万円をだまし取られた後に、Aが取り消したとすると、その時点で、AはBに代金の返還を請求する権利を得ることになる（原状回復請求権。民121条の2）。このように、権利や義務の具体的内容を規定するのが実体法である。

　(b)　**手続法**　上記の事例で、Aが代金の返還を請求したときに、それにBが素直に応じてくれればよいが、常にそうとは限らない。しかし、Aは、Bに暴力をふるったり、勝手にその家に入り込んだりして、いわゆる実力行使をしてお金を取り戻すことはできない（自力救済の禁止）。Bが自主的に返還しないと、Aは国家の助力を得るしかない。そのためには、裁判所に訴えて勝訴判決を得た（裁判で詐欺の事実が認定されてAの取消権の行使が認められ、Bに代金の返還が命じられた）後に、国家（執行裁判所）による強制的な手段（これを強制執行という）を使うことができるようになる。こうした権利の内容を実現するための手段や方法を規定するのが手続法（民事訴訟法、民事執行法など）である。

3　民法の基本原理

　(1)　**近代民法と民法の基本原理**　わが国の民法典は、フランス民法典に代表される近代ヨーロッパ民法典の流れに位置づけることができる。これらの民法典は、国家と対峙する市民社会において封建的身分・階層秩序から解放された個人人格の自由・平等と、封建的拘束から解放された所有権の絶対不可侵の精神に依拠している。こうした近代民法の基本原理としては、権利能力平等の原則、私的自治の原則、所有権絶対の原則があり、わが国の民法典にも受け継がれている。

　(2)　**権利能力平等の原則**　すべての自然人は、国籍・階級・職業・年齢・性などによって区別されることなく、等しく権利義務の帰属主体になる資格をもつことをいう（民3条1項）。

　(3)　**私的自治の原則**　私人の法律関係については、個人がその自由な意思に基づいて自律的に法律関係を形成することができるとする原則を私的自治の原則という。この原則の思想的基盤は、自由主義的思想であるレッセ・フェールであり、旧来の封建的な拘束関係の否定である。私的自治の原則は、契約自由の原則、団体設立の自由、遺言の自由として機能する。

　(4)　**所有権絶対の原則**　民法は所有権を206条で「自由にその所有物の使用、収益及び処分をする権利」と規定する。こうした考え方は、所有権絶対の原則ないし所有権の自由といわれる。この原則は、①所有者は自由にその所有物を使用収益処分することができるということ（自由な所有権）と、②

➡14　**民法96条の要件・効果**
　民法96条は、詐欺による意思表示は取り消すことができると規定するが、その意味は、「詐欺によって意思表示した場合には、これを取り消す権利が認められる」ということである。つまり、〜の場合というのが要件であり、取消しをする権利の付与がその効果となる。

➡15　**自力救済（自力執行）の禁止**
　権利者は法に定められた手続（裁判など）によって権利の実現を図ることが認められている。したがって、それを待つと権利行使が不可能ないし困難となる場合を別として、原則として、Aが勝手にBのところから代金を回収することはできないことになる（自力執行の禁止）。これを許すと、近代国家において紛争を平和的に解決するために裁判制度を設けた意味がなくなるからである（本書❼参照）。

➡16　**強制執行**
　強制執行とは、債権者の申立てによって、裁判所が債務者の財産を差し押さえてお金に換え（換価）、債権者に分配する（配当）などして、債権者に債権を回収させる手続のことであり、これを規律するのが民事執行法である。こうした執行を行うためには、債務名義が必要となる。この債務名義の1つとなるのが、確定判決である。したがって、他の方法によって債務名義をすでに取得している場合は別であるが、原則として、債権者は、裁判において勝訴判決をもらい、それが確定した後に、強制執行手続に入ることができることになる。

➡17　権利能力については、本書❶❷➡10を参照。

➡18　**レッセ・フェール**
　自由放任主義と訳される。フランス語でlaissez-faire、なすに任せよ、の意で、政府が企業や個人の経済活動に干渉せず市場のはたらきに委ねることをいう。

➡19　**契約自由の原則**
　国家が当事者の合意を尊重し、それに干渉しないとする原則をいう。具体的には、次の4つの自由から成り立っている。①契約締結の自由（契約を締結するかどうかの自由）、②相手方選択の自由（誰を相手として契約するかの自由）、③契約内容決定の自由（契約の内容を決定する自由）、④方式の自由（契約の書式や、その成立の形式、例えば口頭で行うか契約書を必要とするかを決定する自由）である。しかしながら、これ

らの自由は、そのままでは貫徹できず、法令上の特別の定めによる制約を受ける（民521条参照）。こうした定めに属するものとして、例えば公序良俗の規定（民90条）や消費者契約法の規定などがある。

➡20　信頼関係破壊の法理
　この法理は、判例によって、①賃料不払や用法違反があっても信頼関係を破壊するに足りないとして解除権の発生を制限したり、②ひどい用法違反がある場合には信頼関係を破壊するとして無催告の解除を認めたりするために使われてきた。

➡21　事情変更の法理
　契約締結後の当事者の予見できない事情の変更を理由に、契約の維持あるいは履行が正義に反すると認められる場合に、契約の解消、あるいは契約内容の変更を認める法理をいう。信義誠実の原則の1つの類型となる。また、第一次世界大戦後のドイツの判例が、著しいインフレーションに当面して展開した法理としても知られている。

➡22　宇奈月（うなづき）温泉事件
　最高裁判所は、温泉を引くためのパイプ（引湯管）の一部が通る土地を高値で売りつける目的で取得したケースで、その所有権に基づきパイプの除去を求める妨害排除請求権の行使を権利の濫用に当たるとして否定した。

所有者は自らの所有物を侵害する者に対して、その侵害を排除できるということ（所有権の不可侵）から構成される。

　(5)　**基本原理の徹底とその修正**　(a)　**個人主義・平等原則**　民法は、個人の尊厳と両性の本質的平等を民法全体に通じる解釈の指針として宣言している（民2条）。これらの考え方は、憲法の理念に共通する（憲法13条・14条・24条）。民法は、この意味でも個人の権利を尊重するが、次のような考え方において修正も行っている。

　(b)　**公共の福祉による制限**　民法は、「私権は、公共の福祉に適合しなければならない」と規定する（民1条1項）。同規定は、財産権の内容を公共の福祉に適合するように法律で定めるとする憲法29条2項の規定に連なる。公共の福祉とは、私権が社会的共同生活の利益に反してはならないことを意味する。

　(c)　**信義誠実の原則**　人は個々の具体的事情のもとで相手方から期待される信頼を裏切らないよう誠意をもって行動すべきであるとする原則を「信義誠実の原則」といい、「信義則」はこの略称である。民法は、権利の行使や義務の履行は、信義に従い誠実に行なわなければならないと定め、信義誠実の原則を明文で規定する（民1条2項）。

　信義則は、先にした言動と矛盾する行為をしてはならないとの矛盾行為禁止の原則としても機能する。禁反言の原則（エストッペル）ともいう。また、法を修正するために、信義則が用いられる場合がある。この例として信頼関係破壊の法理や事情変更の法理がある。
➡20　➡21

　(d)　**権利の濫用**　ある人の行為が、外形的には権利の行使であるとみられる場合であっても、具体的・実質的にみると、権利の社会性に反し、その行使に正当性がない場合をいう。民法は、権利の濫用はこれを許さないと規定する（民1条3項）。権利濫用の要件は、現在では、権利行使が他人に与える損害と権利者が得る利益との比較衡量によって判断されている。権利濫用とされた場合、通常、その権利行使が認められないだけであるが、さらにその行為が不法行為となる場合には損害賠償責任が発生する。
➡22

4　民法の学び方

　民法は、私法の一般法であるといわれるように、私法関係の基礎・基盤を形成している。歴史的にみても、民法は最も古い法律であり、また現代社会においても、その資本主義的生産関係を支える最も基礎的な法律である。民法に関する知識は、他の法律の理解にとっても不可欠となる。法の概念、論理を修得するために、まずはじめにすべきことが、民法の学習であるといわれるのは決して誇張ではない。

　では、どうすれば民法をマスターできるのだろうか。民法は、1条から1050条までの条文からなる大部の法律となっている（実際の条文数はもっと多い）。憲法や刑法と比べるとその条文の多さが際立つ。それゆえ、困難な山登りにもたとえられる。だが、山登りであるとすれば、十分な装備を用意して、しっかり一歩一歩登れば、かならず頂上に到達できるはずである。そのための学習方法は、各人各様であろう（「学問に王道なし！」）。とはいえ、ここでは初学者の皆さんに試みてほしいことをいくつか挙げてみることにしよう。

　第1は、民法という山を登る前に、その地形をあらかじめ頭に入れておく

ことである。民法の構造（資料❷参照）を理解しておくことが大切となる。そのうえで、本書や後掲の基本文献案内（本書102頁参照）で紹介する入門書・教科書のどれかをじっくりと読んでみることを薦めておきたい。

　第2は、基本的な用語の意味を確認しながら、民法全体についての教科書（入門書よりも分厚くなるが、それは我慢してほしい）を読み通すとよい。そして、いわゆる六法を引いて教科書で挙げられている条文を読んでおいてほしい。繰り返せば、条文を読んだだけで、その条文が扱うことになる紛争事例が頭に浮かんでくるようになるはずである。

　第3は、学んだ知識で自分の生活経験や身の回りのことを、民法の問題として分析してみることである。例えば、「服を買ったら、ボタンがとれていた」、「スマホを購入したけど、直ぐに壊れた」とする。民法では、どのようになるかと考えるのである。

　第4に、法的な解決の限界にも注意を払ってほしい。民法（判例も含む）や特別法は、主として裁判での民事紛争を解決するときの基準であるが、法の適用によって社会的事実としての「紛争」が「解決」されるとは限らない。紛争解決にとって法的解決は唯一のものではなく、多様な解決の仕方がありうる。例えば、社会的な合意によって救済のための基金を設立したりする社会的・政治的な観点からのアプローチ、さらには効率性や取引コストを重視した経済的な観点からするアプローチも存在する。それらの考慮を法的解決に取り入れることが必要となることもある。

　最後に、民法を本格的に学ぼうとするみなさんにエールを送りたい。民法は、かなりボリュームのある分野である。その膨大な量に圧倒されて、やる気を失ってしまうかもしれない。それでも諦めないで、何度もチャレンジしてほしい。要は、登り続けることである。

 民法典は誰が作ったの？

　わが国の民法典は、本文で述べたとおり、明治時代に編纂（へんさん）されたものであるが、最初は、パリ大学の教授で日本に招かれていたボアソナードという学者が、フランス民法典を模範として作成した草案としてその姿を現した。これに基づいて立法化された民法（旧民法とよばれる）が明治23（1890）年に公布され、同26（1893）年から施行されることになったが、その内容が日本の国情に合致しないなど理由で施行に反対する運動が巻き起こった。いわゆる「法典論争」とよばれる激しい論争が施行延期派と施行断行派との間で行われ、その結果、施行が明治29（1896）年末まで延期されることになった。そこで、政府は、明治26年に法典調査会を発足させて、新しい民法の編纂に取りかかった。そこでは、東京法科大学（東京大学法学部の前身）教授の梅謙次郎（うめけんじろう）、富井政章（とみいまさあきら）、穂積陳重（ほづみのぶしげ）の3名が起草委員に選出され、この者たちが中心となって、旧民法を修正するという形で草案が作られた。これが帝国議会を通過して現在の民法（明治31年7月16日施行、明治民法とよばれる）となった。この明治民法は、フランス民法典のみならず、19世紀後半にローマ法の体系化と概念構築に成功したパンデクテン法学の影響下にあったドイツ民法典第一草案の影響を強く受けた結果、総則、物権、債権、親族、相続というパンデクテン体系に基づく編別によって構成されたのであった。

基本文献案内
民法をさらに学習しようという読者のために

1 民法入門・総則
● 入門的な教科書
米倉明『プレップ民法〔第5版〕』(弘文堂、2018) 具体的な売買契約を素材に民法の全体像をわかりやすく解説。
● 概説書
潮見佳男『民法(全)〔第3版〕』(有斐閣、2022) 民法全体を一冊で鳥瞰できる最新の概説書。
道垣内弘人『リーガルベイシス民法入門〔第4版〕』(日本経済新聞社、2022) 初心者に分かりやすく丁寧な記述に特徴がある概説書。
● 民法入門・総則
永田眞三郎・松本恒雄・松岡久和・横山美夏『エッセンシャル民法1 民法入門・総則〔第5版補訂版〕』(有斐閣、2023) 民法入門を含むコンパクトな総則の教科書。後掲のシリーズものの一冊。
中田邦博・後藤元伸・鹿野菜穂子『新プリメール民法1 民法入門・総則〔第3版〕』(法律文化社、2022) 民法入門を含む総則の教科書。後掲のシリーズものの一冊。
佐久間毅『民法の基礎1 総則〔第5版〕』(有斐閣、2020) 設例による解説を中心とした教科書。

2 民法全体を扱うシリーズ
永田眞三郎ほか『エッセンシャル民法1~3』シリーズ(有斐閣、2019~2023) 民法をわかりやすく、親切に道案内する入門的教科書シリーズ。
中田邦博ほか『新プリメール民法1~5』シリーズ(法律文化社、2020~) 法学部での授業のための使いやすい教科書。1、5は第3版・2、3、4は第2版。
田井義信監修『ユーリカ民法1~5』(法律文化社、2019・2018) 論点を明示したり、コラムがあったり、演習問題を提示したりと、色々な工夫がみられる。
山田卓生ほか『有斐閣Sシリーズ 民法Ⅰ~Ⅴ』(有斐閣、2018~) よく使われているコンパクトな教科書。Ⅰ~Ⅳは民法改正に対応。
大村敦志『新基本民法1~8』(有斐閣、2014~2022) 民法学の到達点を簡潔に整理した最新の代表的教科書。
内田貴『民法Ⅰ~Ⅳ』(東京大学出版会、2004~2020) 定評ある標準的教科書シリーズ。

3 演習書
千葉恵美子・潮見佳男・片山直也編『Law Practice 民法Ⅰ・Ⅱ〔第4版〕』(商事法務、2018) 事例問題を解説する方式で人気の演習書シリーズ。
沖野眞已・窪田充見・佐久間毅編著『民法演習サブノート210問〔第2版〕』(弘文堂、2020) 基本的な問題を提示し、簡潔な解説を行う形式で統一されている。

4 学習用判例集
潮見佳男・道垣内弘人編『民法判例百選Ⅰ〔第9版〕』／窪田充見・森田宏樹編『民法判例百選Ⅱ〔第9版〕』(有斐閣、2023) 定評ある財産法の判例解説集。
大村敦志・沖野眞已編『民法判例百選Ⅲ〔第3版〕』(有斐閣、2023) 家族法に関する代表的判例解説集。
松本恒雄・潮見佳男編『判例プラクティス民法Ⅰ〔第2版〕・Ⅱ・Ⅲ〔第2版〕』(信山社、2022・2010・2020) 重要な民事判例をほぼ網羅する。

5 注釈書(民法の条文を解説するもの)
松岡久和・中田邦博編『新・コンメンタール民法(財産法)〔第2版〕』(日本評論社、2020)／松岡久和・中田邦博編『新・コンメンタール民法(家族法)』(日本評論社、2021) いずれも共通の方針の下に編集された最新の民法コンメンタールである。インターネット版・電子書籍も用意されている。
『新注釈民法』シリーズ(有斐閣) 本格的なコンメンタールとして定評がある。

6 六法(できるだけ最新のものをそろえた方がよい)
● 条文のみのもの(初めて購入する六法としておすすめ)
『ポケット六法』(有斐閣)
『デイリー六法』(三省堂)
● 判例付のもの
『有斐閣判例六法』(有斐閣)
『法務六法:判例付き』(三省堂)
● 専門家も使う本格的な六法
『有斐閣判例六法 Professional』(有斐閣)
『模範六法』(三省堂)
『六法全書』(有斐閣)

7 消費者法
中田邦博・鹿野菜穂子編『基本講義 消費者法〔第5版〕』(日本評論社、2022) 消費者法の最新情報を提供する教科書としてよく使われている。

8 その他
道垣内弘人『プレップ法学を学ぶ前に〔第2版〕』(弘文堂、2017) 法科大学院未修者のために執筆されたが、初学者が民法入門としても読むことができる。
田高寛貴ほか『リーガル・リサーチ&リポート─法学部の学び方〔第2版〕』(有斐閣、2019) 法情報のリサーチやレポート作成方法を紹介する。
指宿信ほか監修、いしかわまりこほか『リーガル・リサーチ〔第5版〕』(日本評論社、2016) 法に関係する多様な情報を入手する方法を詳しく教えてくれる。

索　引

■著者紹介（執筆順、＊は編者）

＊	潮見佳男（しおみ　よしお）	元京都大学大学院法学研究科教授	1
	野々村和喜（ののむら　かずよし）	同志社大学法学部准教授	2
	高嶌英弘（たかしま　ひでひろ）	京都産業大学法学部教授	3
	坂口　甲（さかぐち　こう）	大阪公立大学大学院法学研究科准教授	4
	鹿野菜穂子（かの　なおこ）	慶應義塾大学大学院法務研究科教授	5
＊	中田邦博（なかた　くにひろ）	龍谷大学法学部教授	6、16
＊	松岡久和（まつおか　ひさかず）	立命館大学大学院法務研究科教授	7
	寺川　永（てらかわ　よう）	関西大学法学部教授	8
	野田和裕（のだ　かずひろ）	広島大学法科大学院教授	9
	川村尚子（かわむら　なおこ）	國學院大学法学部准教授	特集コラム
	武田直大（たけだ　なおひろ）	大阪大学大学院高等司法研究科教授	10
	鄭　芙蓉（てい　ふよう）	広島修道大学大学院法学研究科教授	11
	森山浩江（もりやま　ひろえ）	大阪公立大学大学院法学研究科教授	12
	常岡史子（つねおか　ふみこ）	横浜国立大学大学院国際社会科学研究院教授	13
	冷水登紀代（しみず　ときよ）	中央大学法学部教授	14
	浦野由紀子（うらの　ゆきこ）	神戸大学大学院法学研究科教授	15

18歳からはじめる民法〔第5版〕

2010年11月30日　初　版第1刷発行
2014年 2 月20日　第2版第1刷発行
2017年 4 月 1 日　第3版第1刷発行
2019年 9 月30日　第4版第1刷発行
2023年 4 月 5 日　第5版第1刷発行

編　者	潮見佳男・中田邦博
	松岡久和
発行者	畑　　光
発行所	株式会社 法律文化社

〒603-8053
京都市北区上賀茂岩ヶ垣内町71
電話 075(791)7131　FAX 075(721)8400
https://www.hou-bun.com/

印刷：西濃印刷㈱／製本：㈲坂井製本所
装幀：白沢　正
ISBN 978-4-589-04260-6

©2023　Y. Shiomi, K. Nakata, H. Matsuoka Printed in Japan

〈18歳から〉シリーズ

学問の世界への
第一歩
法律文化社

新入生を対象に、高校までの"勉強"とはひと味ちがう"学問"のおもしろさを
感じてもらうための入門書シリーズです。18歳の目線で捉えた具体的な事象
からひもとき、各科目の基礎となるエッセンスを解説しています。

＊Ｂ５判・カバー巻・100～120頁

α 新プリメール民法 全5巻

はじめて民法を学ぶ人のために、読みやすさ・わかりやすさを追求した好評シリーズ。

法律文化社
表示価格は消費税10%を含んだ価格です